AF557576

GOISERN

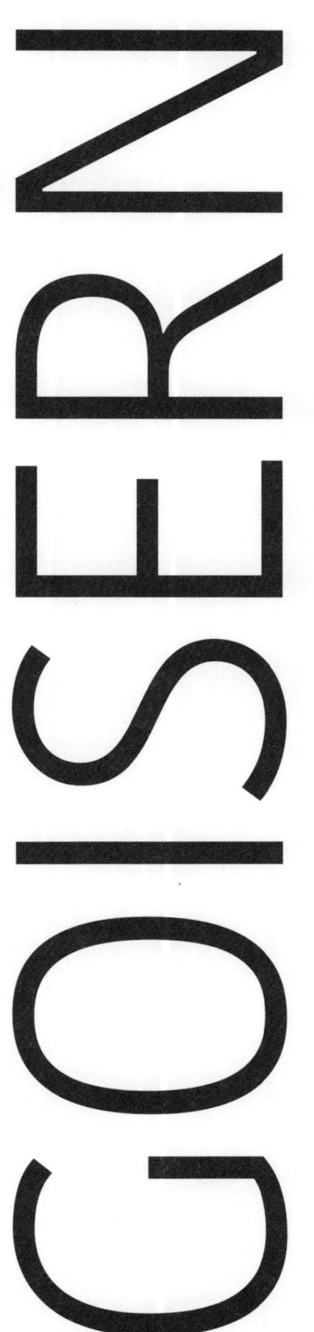

Marion Wisinger

Eine erzählte Ortsgeschichte

KREMAYR & SCHERIAU

Schlüssel aus Holz

Es war das Gewicht des Schlüssels in ihrer Tasche,
aber sie hatte ihn nie aus der Tasche genommen,
er war in ihr unsichtbar geblieben.
Fehlte nur noch das Schlüsselloch,
irgendwo in der Welt war ein Schlüsselloch,
alt, aus Holz, das allein für den Schlüssel da war.
Zum erstenmal nahm sie den Schlüssel aus der Tasche,
er war alt, aus Holz, mit zerkratztem Bart,
und sie sagte zum Schlüssel in ihrer Hand:

Das Haus gehört uns, wir kennen es nicht,
wir kennen das Haus nicht, es gehört uns nur.
Wir haben es nicht gebaut, gekauft, gestohlen,
wir brauchen es nicht, es gehört uns nur.
Wir wissen nicht, ob die Tür einen Riegel hat,
einen Vorhang oder ein Schlüsselloch.
Das Haus gehört uns, aber wir kennen es nicht.
Das Haus gehört uns, aber wir kennen es nicht.

Christoph Meckel

Inhalt

Prolog

Die Zeit, die vergeht, ist voller Leben. Nachdem wir einen Schilling auf die Gleise gelegt und uns in das hohe Gras am Bahndamm gesetzt hatten, läutete flussaufwärts ein Glöckchen, Insekten summten in der Mittagshitze. Die ewigen Holzarbeiten im Wald waren nicht mehr zu hören. Mein Großvater legte die Hand ans Ohr und flüsterte, dass es nun so weit sei. Bald darauf schossen die Garnituren der Regionalbahn vorbei und nahmen uns für einen Moment den Atem. Als der Zug nach einigen hundert Metern im Bahnhof anhielt und die Lautsprecher angingen, waren wir schon längst auf den Gleisen. Die Münze war in den Schotter gesprungen, ein namenloses Plättchen Kupfer, das ich in meiner Hand einschloss. Alles hat Bestand in anderer Form, sagte mein Großvater.

Im alten Bäckerhaus meiner Familie gab es Räume, die ich nur an der Hand der Erwachsenen betrat: die verlassenen Gesellenkammern, an deren Wänden Farbfotografien von

Filmstars angepinnt waren, den Keller, wo schwere Reisekisten standen und man auf Augenhöhe mit der Straße war. Jeder Raum im Haus hatte eine andere Temperatur, ein anderes Licht, einen bestimmten Geruch. Abends saßen wir in Korbsesseln am Balkon, ich weiß nicht mehr, worüber wir geredet haben. Wenn sich der Verkehr der Salzkammergutstraße, die zu dieser Zeit noch durch den Ort führte, beruhigt hatte, kam die Zeit der Schwalben und der Himmel über den Kalmbergen wurde schwarz.

Ich erinnere mich an das Goiserer Tal meiner Kindheit, sehe die blühenden Wiesen bis in den Himmel hinein, für mich als Wiener Stadtkind ein Paradies, in dem man Blumen nicht kaufen, sondern pflücken konnte. Man band den Strauß mit wildem Hafer zusammen, eine Margerite wurde stets ins Knopfloch gesteckt. Im Laufe der Ferienwochen, die ich bei meinen Großeltern verbrachte, befüllte ich alle Gefäße im Haus mit Blumen. Wenn der Strauß Mist machte, die altdeutschen Kommoden mit Blütenstaub bedeckte, warf meine Großmutter das Gebinde in den Ofen. Die Glut verschmorte die Stängel, ein leises Sirren war zu hören, bis alles zu Asche zerfiel.

Das Tal meiner Kindheit

Meine Heimat ist ein fremder Ort, den ich gut kenne. In den Jahrzehnten, die ich nach Goisern komme, stellt sich das Vertraute unmittelbar ein. Die Stimmen einer angeheiterten Männerrunde an einem Freitagnachmittag in der Laube des Bahnhofsbeisls, der erste Blick auf die Traun, sobald der Zug den Bahnhof verlassen hat. Am liebsten reise ich in der Abenddämmerung an, wenn die Flanken des Krippensteins zartrosa gefärbt sind. Morgen wird es schön sein. In den oberen Ortschaften dröhnen die Mopeds der Jungen, hinter den Fenstern des Altenheims gehen die Fernseher an. Auch an den Hundstagen kommt mir die Luft frisch vor, „wieder zu Hause", denke ich im selben Atemzug. Vielleicht ist das mein Begreifen von Heimat, ich atme in Goisern tiefer. So viele Bilder kommen mir entgegen. Sie gehören mir, ich habe sie mitgebracht und sie sind immer hiergeblieben, sie stellen sich ein. Eine Collage, die sich verselbständigt und fortschreibt, das Forstner-Haus, die alte Paula saß gern auf der Veranda, die Sparkasse Salzkammergut, wo früher das Kino war, das Kriegerdenkmal mit den Namen der verlorenen Söhne, der Garten der Schnitzer-Pepperl, eine grüne Oase in der Marktstraße. Die Schläge der Kirchenglocken vierteln meine Stunden im Ort, ich höre sie nicht. Niemand hört ihn hier und jetzt, den Takt der Zeit.

Erinnerung vor Ort – Heimatforschung und Gedenken

Seit geraumer Zeit schreiben Lokalhistoriker an der Geschichte des Orts, *wias gwen is*, entnehmen den Chroniken Eckdaten der historischen Ereignisse, schürfen in den Vereinsarchiven. Die Gemeinde brachte allerlei Gedenktafeln an, ein *Themenweg* führt zu Stationen der frühen Arbeiterbewegung, das eine oder andere Denkmal wurde errichtet, man erfuhr einiges und verstand wenig. Geschichtsvergessenheit griff um sich. Nach und nach entschlug man sich der Auseinandersetzung mit dem Geschehen im Ort, der Geschichte der Eltern. 1940 und 1942 waren strenge Winter, ist in der Broschüre der Ortsgeschichte des Heimatvereins zu erfahren. Zeitgeschichte wurde durch atmosphärische Mythen ersetzt, Sozialgeschichte durch Brauchtumspflege. Die Bewohner des Orts verdrängten ihre Geschichte, sie schliffen und bogen sie zurecht. Die Erinnerung an den Widerstand gegen die katholische Herrschaft der vorjosephinischen Zeit wurde identitätsstiftend, und die protestantische *Rückzugsgemeinde* Goisern richtete sich ihre Narrative im Landlermuseum ein. Auch die alltagsgeschichtlichen Spuren der Wilderer und Vogelfänger wurden bewahrt, und das Goiserische verstand sich als keck und widerständig, man spottete über die *feinen Leut'*, den Kaiser und seine Menagerie, kolportierte die Bonmots der Untertanen, erzählte sich dörfische Missgeschicke, Betrügereien, Schildbürgerstreiche und manche Tragödien. Da viele *Ehemalige* nach 1945 in den Schulen unterrichteten und die Geschichte fortschrieben, verblasste die Zeitgeschichte und geriet in Verlust. Solange *die Alten* lebten, schwieg man. Jeder Versuch von außen, der Geschichte die Decke vom Kopf zu ziehen, misslang. Die Heimatforscher verliehen der Gegend die Patina von Salz und Holz, als historische Angelpunkte setzte man die Gegenreformation und die Arbeiterbewegung. Gelegentlich gelang der Brückenschlag zur *großen Geschichte,* man schrieb über die Armut in den dreißiger Jahren, die schemenhaften Erinnerungen an den Krieg verloren sich zusehends. Man wusste voneinander Bescheid, das genügte.

Konturen suchen

Ich weiß nicht genau, wann ich die Idee, eine Ortsgeschichte zu schreiben, erstmals hatte. Sollten die alten Geschichten Konturen gewinnen, die Fülle meiner Erinnerungen in eine Form gegossen, etwa dem Ort ein Denkmal gesetzt werden? Vielleicht wollte ich einer Sehnsucht Ausdruck verleihen, vielleicht, um von dem Ort eines Tages Abschied nehmen zu können. Bekanntlich geht dem Handwerk der Historiker die Absicht voraus, etwas Gültiges zu erfassen, womöglich dem kollektiven Gedächtnis vor Ort eine Wendung zu geben. Zu Beginn der Arbeit sind die Werkzeuge grob, schlagen Gestein auf, zertrümmern Anekdotisches, verwerfen die gute alte Zeit. Dann die Feinarbeit, nun Bruchstücke und Splitter, die geordnet werden. Bin ich im Ort, fallen mir Geschichten zu, nichts ist ohne Belang. Ein Mann steigt aus der Traun und lässt sich in der Augustsonne trocknen, er erzählt über seinen Großvater im Ersten Weltkrieg. Irgendwo gab es Briefe, doch wer weiß, wo sie geblieben sind. Dem Schweigen der Männer nach den Kriegen ist Raum zu geben, dennoch sind die Leerstellen zu benennen, der Tonlosigkeit ein Ausdruck zu geben. Viele Menschen, die mir in meinen Goiserer Jahren begegneten, finden Einlass in den Text. Sie gehen ein Stück des Weges mit, auch wenn sie vergangen sind. Ich halte inne, gehe dem Vergessenen nach, verknüpfe Erinnerungen mit dem Duktus der Zeitgeschichte oder lasse es bleiben. Viele Namenlose stehen stramm auf alten Fotografien, die Frauen tragen lange Kittel, die Männer Bärte, da läuft ein bloßfüßiges Kind ins Bild. Es sind die Bewohner des Orts, die Geschichte erzählen, nicht die eine gültige, sondernd deren so viele. Um sie herum stets die Berge, die Traun, die Wälder und Wiesen. „Das Tal ist zwei Stunden lang und nahezu eine Stunde breit", schrieb der Gemeindevorsteher im Jahr 1909. Die Geschichte eines Orts zu erzählen ist ein Versuch, ein Kunststück, eine Provokation, in jedem Fall ein Liebesgeständnis.

Streifzüge und Begegnungen

Viele Gesprächspartner meinen zunächst, wenig über die Ortsgeschichte zu wissen, und verweisen auf Personen, die sich damit *beschäftigen.* Ich gerate an Sammler, die mir Wimpel des Veteranenverbands, Programmzettel des Männergesangsvereins und Zielscheiben der Armbrustschützen zeigen, auch gibt es Broschüren aller Art, die den Aufbruch der ländlichen Gesellschaft im 19. Jahrhundert dokumentieren. Da wären 150 Jahre Freiwillige Feuerwehr, 150 Jahre Arbeiter-Bildungsverein oder 130 Jahre Wegverein Sunnseitn, chronologisch aufgefächerte Geschichte, die Jubiläen geben Orientierung im Allgemeinen. Die Menschen vor Ort bleiben im Hintergrund, werden sie namentlich genannt, hatten sie eine bestimmte Funktion inne, Obmänner, Kommandanten, Vorsteher und Hauptmänner. Gelingt es jedoch, ein Gespräch in Schwung zu bekommen, den Fokus auf vermeintliche Nebensächlichkeiten zu lenken, dem Beiläufigen Gehör zu schenken, entstehen verschlungene Erzählbögen zwischen den unterschiedlichen Milieus und deren Repräsentanten. Lichtes Gewebe, das Figuren für einen Moment plastisch macht. Unvermutet treten Details zutage, Zufallsfunde in Halbsätzen, die einen bestimmten Augenblick wiedergeben. Der Großvater, der am Hackstock arbeitete und dem ein Finger fehlte, die Blutspur des Tieres, das der Schlachtbank entkam, nicht aber dem Tod. Es sind filmähnliche Streifzüge geworden, die der Zeitgeschichte Ton und Kolorit verleihen.

Wie kann über Lebensgeschichten geschrieben werden, über den Kriegshelden, der in seiner Heimat die vielen Tode an der Front verschweigen musste, das Mädchen, das eines Tages nach Hartheim gebracht wurde, die alte Waschfrau, die Tag für Tag am Mühlbach kniete? Der Versuch, Ortsgeschichte durch die Aufzeichnung zufälliger Begegnungen zu schreiben, ist waghalsig und hat doch Methode. Das Skizzenhafte möchte Anreiz geben, dem Wechsel von Tiefenschärfe und kursorischem Erzählmodus zu folgen, im Grunde nichts festzuschreiben, sondern Spielräume anzubieten, um althergebrachte Ortsgeschichte ihrer Redundanz zu entledigen. Lose Fäden des kollektiven Gedächtnisses sind aufzunehmen, grob geschnittene Collagen, auch Splitter, werden in das Zeitgeschehen eingepasst. Widersprüchliches steht im Raum, wird belassen, kann nicht zu Ende erzählt werden und ist doch ungemein wichtig. Manche wissen viel und sagen wenig, erschrecken über das Unaussprechliche, verwischen Erinnerungen oder ziehen sich auf erprobte Topoi zurück, *schlimme Zeiten waren das*. Viele Erzählungen beginnen mit einer Verortung, einer Art Vergewisserung, verstanden zu werden. Die geografische Angabe klingt liebevoll, dort in der *Bachlunzn,* am *Hümö* oder im *Griamoos*. Um Verwechslungen auszuschließen, werden den Bewohnern des Orts Hausnamen zugeordnet, Vulgo-Namen, daran knüpfen sich Legenden und Kuriosa. Sind zu Beginn eines Gesprächs Namensgleichheiten und andere Missverständnisse geklärt, so bringt man nun mögliche

Verwandtschaftsverhältnisse, Freundschaften der Vorfahren und Besonderheiten ins Spiel. Ich werde zugeordnet, die Enkelin des Bäckers Leopold Wisinger, das Haus beim *Pfarrerangerl,* da gab es warmes Brot am Schulweg, am Heimweg Lakritzen. Ist die Goiserer Herkunft festgestellt und sind wir per Du, kann das Gespräch beginnen. Die Kinder lassen sich auf den Reifen amerikanischer Militärfahrzeuge die Traun hinuntertreiben, die Besatzungszeit ist vorbei.

Spurensuche im Gemeindearchiv

Zunächst wusste niemand, wo sich das Gemeindearchiv befindet. Im Krieg war es in einer Schule untergebracht worden, dann im Musikzimmer eines Gasthauses, später im alten Gemeindeamt, gestapelt in Depots, die niemand betrat. Dann hatte sich seine Spur scheinbar verloren. Es fand sich in einer lichtlosen Kammer unter dem Dach des Gemeindeamts wieder, sowohl der Bürgermeister als auch die Gemeindebediensteten zeigten sich überrascht, denn an die papierene Verlassenschaft hatte man nicht mehr gedacht. „Da ist nichts Besonderes drinnen", meinte ein Lokalhistoriker, er hatte den Schlüssel einige Zeit entliehen, und ein pensionierter Gemeindesekretär bestand darauf, das Archiv vor meinem Besuch zu ordnen, es bestünde ein völliges Durcheinander.

Nach einigen Monaten bekomme ich Zutritt. An ausrangierten Büromöbeln vorbei, betrete ich den Dachboden, klettere eine Holzstiege hoch und sperre die Kammer auf. Neonlicht geht an, auf schmalem Raum stehen Regale. Poröse Bänder halten die Kartonagen zusammen, ein paar Laufmeter Geschichte. Grundbuchmatrikel, Häuserverzeichnisse, Aufzeichnungen über die Holzservitute, Forstwege und Wasserquellen, Dokumente der Besitzenden im Tal. In einigen Bene-Ordnern sind Gemeindeausschuss-Protokolle abgeheftet, Ortsinterna und Administratives, geschäftliche Korrespondenzen und verschiedene Dienstanordnungen ab der Jahrhundertwende. Die hier vorgefundenen Bruchstücke der Amtsgeschäfte des Orts, ein knapper Spielraum für Historiker, erschließen sich trotz ihrer Nüchternheit. Die in die Akten eingewobenen Stimmen der Dorfbewohner sind wahrzunehmen, sie sprechen vor, stellen Ansuchen, erbitten Steuernachlass. Menschen erhalten Heimatscheine, werden ansässig, bewerben sich um Posten in der Gemeinde oder gründen Betriebe. Männer sterben in den Wäldern, werden von Lawinen verschüttet, von Bäumen erschlagen, Frauen werden zu Witwen. Hochwasser und lange Winter, Tuberkulose und Alkoholismus. Der Überlebenskampf der Bewohner ist ein roter Faden, der mehrfach reißt und später weitergesponnen wird. Da sind Armutszeugnisse und Einberufungen in den Krieg, Einweisungen in die Irrenanstalt und Abschiebungen mährischer Wanderburschen. Eine Melange dörfischer Verwaltung, vordergründig unpolitisch, da wird bloß abgestimmt, beschlossen und protokolliert. Die Gemeindevertreter regeln die Angelegenheiten des Orts, sie richten Feiern für den Kaiser, die Kriegsveteranen, die Vaterländische Front oder Heldengedenktage aus, Jahrestage werden begangen und die Musik spielt. Die politischen Brüche sind im Wechsel der Personen erkennbar, etwa 1934, als die Mandate der sozialdemokratischen Mitglieder der Gemeindevertretung für erloschen erklärt werden und der bisherige Bürgermeister seine Amtsgeschäfte übergeben muss.

Die Aktenbestände des Gemeindearchivs enden im Herbst 1938. In der Reihe der Bene-Ordner ist eine sichtbare Lücke, die etwa vier Mappen umfasst, 1939-1945. Wann diese entwendet wurden, ist unbekannt. Wer immer die Akten verschwinden ließ, hielt sich nicht damit auf, den Schein zu wahren. Fürchtete man die *Siegerjustiz* und wollte das politische Handwerk dieser Jahre vergessen machen? Oder geschah es in jüngerer Zeit, um die Namen der Mitläufer und ihrer Familien vor einer Veröffentlichung zu schützen? Doch was sich verschriftlicht nicht mehr finden lässt, wird ohnehin erzählt, allerdings ohne Evidenz. „Ich kann von jedem Haus in Goisern sagen, wer damals dabei war, wer glühender Nazi war und wer nicht. Und wer es nach 1945 auch noch war", sagt einer meiner Gesprächspartner. Auch für die Jahre danach sind bis auf das Meldeamt, die einzige lückenlose Quelle, kaum Aktenbestände vorhanden. Diese setzen erst wieder ab den 1950er Jahren ein. Die Akten der Zweiten Republik befinden sich in einem Vorraum des Dachbodens, Verwaltung, Raumordnung, Gewerbewirtschaft, die Nachkriegsgesellschaft ging ihren Geschäften nach.

Ich schließe die Kammer ab, es ist warm geworden unter dem Dach, Tauben gurren. Eines geht mir nicht aus dem Kopf: Der nationalsozialistische Bürgermeister plante, die Akten der Zeit vor 1938 zu vernichten, die vollständige Skartierung. Der damalige Gemeindesekretär, der die Arbeiten durchführen sollte, wandte sich um Hilfe an das Landesarchiv, er selbst hatte das Archiv jahrelang betreut und eine Ortschronik geführt. Per Weisung aus Linz wurde das Archiv erhalten, die Akten der Kanzleien seit Beginn der Gemeindeverwaltung 1851. „Das Gedächtnis, die Erinnerung an die alte Zeit war unwichtig", die Zeitrechnung sollte 1938 beginnen, erzählte man später. Es kam anders.

Bild folgende Seite: Das Hochrad als Attraktion bei einer Feier zu Ehren eines Jubiläums der Bürgermusikkapelle, Goisern 1912

1900–1914

Wenn es Abend wurde im Ort und die Handwerker ihre Arbeit beiseite gelegt hatten, begann die Stunde der Tiere. In den Ställen riss das Vieh an seinen Ketten, ein letzter Kraftakt des Tages, und die Katzen schlichen herbei, um Milch zu trinken. Die Hühner wiegten sich in leichten Schlaf. In den Bürgerhäusern gingen die Öllampen an, und in den Ortschaften auf den Anhöhen verloschen die Lichter. Dorf und Ort waren zweierlei. Erste Zecher gingen zur Kirchengasse, um eine der zahlreichen Gaststätten aufzusuchen, bis der Nachtwächter zum Aufbruch rief. An den Sommerabenden saßen die Frauen auf den Hausbänken unter dem Spalier, in der Nacht war es dunkel und der Himmel voller Sterne. Das Jahrhundert hatte soeben begonnen, und die Goiserer sprachen viel über die *moderne Zeit*, auch wenn sie nicht wirklich daran glaubten. Im Grunde war alles beim Alten geblieben. In Ischl war die große Welt zu Gast, sie schien unveränderbar, verlässlich, die Insignien der Monarchie waren allgegenwärtig. Seide, Tracht und Uniform auf der Esplanade, die Konditorei Zauner servierte feine Erdbeerroulade. Mehrmals täglich zogen Musikkapellen durch die Kaiserstadt, auch in Goisern spielte die Bürgermusik die altbekannten Märsche und Hymnen der Herrscher, routinierte Feierlichkeit, und niemand hörte richtig hin. Verklang die Musik, lag Ungewisses in der Luft. *As is nia, wia ma moant, ös is allamal, wias kimmt*, sang man in Goisern.

Moderne Zeiten

Die Geschichte eines Orts zu schreiben, ist eine konzentrische Angelegenheit. Die Innensicht bringt aufschlussreiche Details zutage, Alltägliches, wie Zufallsfunde in Gemeindeausschussprotokollen, in der Ortschronik, in heimatkundlichen Autobiografien oder auf Fotografien. 1909 etwa besaß das Goiserer Gemeindeamt eine einzige Schreibmaschine, mit der man die in Kurrent geschriebenen Protokolle und Dokumente neuerdings abtippte. Anfangs störte die Gemeindebediensteten das Geklapper, man wehrte sich auch gegen die Einleitung des Telefons, es war zu laut, zu direkt, zu unvermutet. Der Gemeindesekretär, der Schreibmaschine und Telefon bedienen konnte, bekam daher ein eigenes Zimmer, doch nun war die alte *Williams* defekt geworden. Es lag vielleicht an den Spiralfedern der Typenstangen, und man korrespondierte einige Monate lang, ob man sie reparieren oder eine neue Schreibmaschine auf Ratenzahlung anschaffen sollte. Die aus dieser Zeit überlieferte Alltagsgeschichte des Orts verdichtet den Eindruck einer gewissen Verunsicherung durch den technischen Fortschritt. Die Fußgänger sprangen erschrocken zur Seite, wenn eines der ersten Automobile durch den Ort fuhr, man sprach tagelang darüber, beklagte den Schaden, den die Reifen auf den Straßen anrichteten und forderte sogar Fahrverbote. Auch dem Fahrrad, vor der Jahrhundertwende noch mit großem Rad vorne und schwierig zu lenken, begegnete man mit Vorsicht. Die moderneren Räder waren bald in Gebrauch, lange Wege zur Arbeitsstelle konnten erheblich verkürzt werden. Das Ortsbild veränderte sich, nun teilten sich Pferdefuhrwerke, Zweispänner, Automobile und Radfahrer die Straße, es bildete sich Gegenverkehr. Bald ereigneten sich zahlreiche Unfälle, „wenn der Fußgeher kopflos ist und hin und her springt, wenn ein Radfahrer daherkommt, gerade dann kann sich am leichtesten ein Unfall ergeben ... viele Leute hatten vor dem Rad eine unbestimmbare Furcht wie vor einem Wesen, dem nicht zu trauen ist“, schrieb der Dorfchronist. Auch die Skifahrer wurden zunächst als *halbe Narren* betrachtet, es sei doch unmöglich, auf lose Bretter geschnallt zu rutschen. Die Jungen trafen sich auf den Hängen und in den Schneisen des Waldes, es kam zu ersten Preisfahrten, das Eisstockschießen geriet aus der Mode. Nach der Abfahrt über Stock und Stein wurde musiziert, der Kapellmeister der Gebirgsmusik war einer der Gründer des ersten Skiclubs. Auch die Kinder standen bald auf Skiern, es wurden Ahornlatten aufgebogen, große Schuhe mit Nägeln daran befestigt, mit den kleinen Schuhen hineingeschlüpft und Bienenwachs auf die Gleitflächen gebügelt. Innerhalb weniger Jahre wurde Goisern ein Wintersportort mit Rodelbahnen und Skipisten. Kam der erste Schnee, wurde gefahren, geglitten und über Schanzen gesprungen. Die Körper bewegten sich auf neue Art, ihr Tonus hatte sich verändert.

Die habsburgische Salzkammer

In der habsburgischen Salzkammer wurde alles bewirtschaftet. Berge, Gewässer, Tiere und Menschen waren dem Salzoberamt untertan, die Landschaft eine in sich hochorganisierte Industriezone, deren Bevölkerung eingeschlossen, doch gut versorgt war, um die schwere Arbeit leisten zu können. Hofkorn, Schmalz, Salz und etwas Holz wurden abgetreten, ärztliche Versorgung, Befreiung vom Militärdienst, Provisionen im Alter und für Witwen waren verbriefte Rechte. Zu Beginn des 19. Jahrhunderts lief die Salzproduktion auf vollen Touren. Seit dem Bau der Soleleitung 1604 floss das Salz von Hallstatt nach Ebensee, und das in den Pfannhäusern für die Befeuerung der Sudpfannen benötigte Holz zog, warf oder schwemmte man aus dem Goiserer Weißenbachtal. Die Stämme wurden auf Schlitten in steilen Rinnen und in Sturzbächen zu Tal gebracht. Nach der *Holzbringung* triftete man die Stämme im Fluss oder verarbeitete sie in den Sägemühlen des Orts. Mit der Eisenbahn, die 1877 eröffnet wurde, kam Lignit in die Pfannhäuser, junge Braunkohle statt Holz, und viele Waldarbeiter verloren ihre Arbeit, konnten ihre Familien nicht mehr ernähren. Nicht wenige blieben im Holzschlag, brachten sich selbst ums Leben. In jenen Jahren fürchteten sich die Kinder, im Wald zu spielen. Die Blütezeit des Salzkammerguts war vorbei. Auch die Arbeitswelt der legendären Salzschiffer und Traunreiter endete damals. Die von sechs Männern gesteuerten, dreißig Meter langen, in Goisern und Hallstatt gebauten *Sechser-*

zillen hatten einst tonnenweise Steinsalz in Fässern bis zur Donau transportiert. Eine durch Stromschnellen gefährliche Fahrt, angeblich stellte man bevorzugt Nichtschwimmer ein, damit sie bei Gefahr nicht absprangen und um die Fracht und ihr Leben kämpften, vielleicht eine Legende, da damals fast niemand schwimmen konnte. Die Rösser der Traunreiter schleppten die Zillen im Gegentrieb zurück an den Abfluss des Hallstättersees. Bis zur Errichtung der Straße am Traunseeufer waren der Fluss und seine Seen der einzige Weg aus dem Salzkammergut, dem man einen steinernen Löwen als Grenzstein setzte.

In Goisern ist man heikel bei der Frage, was denn das Salzkammergut sei, nämlich nicht mehr als ein touristischer Begriff des 19. Jahrhunderts, so sagt man. Das historische Kammergut begann hingegen in Obertraun und endete dort, wo der steinerne Löwe am Traunsee steht. Es war eine der Hofkammer unterstellte Enklave zur Salzgewinnung, mit der die Habsburger ihre Kriege finanzierten. Durch die Abgeschlossenheit, die Täler waren nur über den Wasserweg zu erreichen, aber auch durch Reiseverbote für die Bevölkerung, entwickelten sich eigene Lebensformen, ein unverkennbarer Dialekt und hervorragende Kenntnisse von Handwerk, Forstwirtschaft und Bergbau. Um genügend Arbeitskräfte für die gefährliche Arbeit zu haben, lebten mehr Menschen in den Tälern, als man gut ernähren konnte, die raue Witterung, vor allem die Nässe, führte zu Missernten. Jammergut, sagte man auch. Gmunden, von wo das Kammergut verwaltet wurde, lag hinter dem Löwen. Die 1861 eröffnete *Kunststraße*, für die Felsendurchbrüche und die Trassenführung setzte man italienische Arbeiter ein, war die erste Straße zwischen Gmunden und Ebensee. Den aus St. Margarethener Sandstein gehauenen Löwen setzte man „als Machtgeboth seiner k.& k. apostolischen Majestät" an einen besonders schönen Aussichtspunkt der Straße. Die Legende glaubt zu wissen, der Steinmetzmeister hätte irrtümlicherweise auf die Zunge vergessen, und sich daraufhin in den See gestürzt. Dass dies nicht stimmte, stellte sich heraus, als das Denkmal 1963 im Zuge mehrerer Sprengstoffattentate in dieser Region von italienischen Neofaschisten in die Luft gejagt wurde. Die verschollene Zunge fand sich bei den Aufräumarbeiten. Was man in den Trümmern des Löwen nicht fand, war seine Rute. Jemand hatte sie nach dem Anschlag mitgenommen, brachte sie aber wieder zurück. Vielleicht ist aber auch dies eine Legende, jedenfalls ist der Löwe wieder komplett, Zunge und die Originalrute sind dran. Heute kann man das Denkmal für einen kurzen Moment auf der alten Traunsee-Uferstraße stehen sehen, bevor man Richtung Traunkirchen in den Tunnel fährt. Gmunden ist seit 1950 Bezirkshauptstadt und Teil der Tourismusregion Salzkammergut, die mittlerweile zehn Subregionen in drei Bundesländern umfasst. Soll sein, sagen die Goiserer. *GM* auf dem Nummernschild stünde ohnehin für *Goisern Mitte*.

Goiserer Lebenswelten

Wer sich ein Bild vom Leben der Sennerinnen, Müllerinnen, Wirtinnen und Bäuerinnen in den letzten Jahren der Monarchie machen möchte, vom Handwerk der Drechsler, Büchsenmacher, Kalkbrenner, Steinklopfer, Hufschmiede, Brunnenmacher, Färbermeister, Küfer, Schneider und Schuhmacher, wird in den familiengeschichtlichen Erinnerungen von Christian Pramesberger, Herbert Ellmer und Hans Pramesberger fündig. Auch der Schriftsteller Franz Kain beschäftigte sich mit der Alltagsgeschichte seiner Heimat und setzte diese in seinem umfangreichen literarischen Werk in den politischen Kontext der Zeit. An Regentagen aus der Goiserer Gemeindebücherei entliehen, führen diese Zeitdokumente zu den Schauplätzen und den Menschen von damals. Arbeiteten die Männer unter der Woche in den Wäldern oder im Berg, blieben die Frauen im Haus, kümmerten sich um die Landwirtschaft und versorgten die Kinder und die Alten. Fehlte es an Arbeitskräften, schickte man die Kinder aus, um der verwitweten Tante zur Hand zu gehen oder dem Großvater auf der Alm zu helfen. Mit einem Bündel Wäsche ausgestattet, wurden sie in der Verwandtschaft untergebracht, manchmal lag dem *Fortgeben* der Kinder ein Streit mit der Stiefmutter zugrunde oder die Familie konnte sie nicht ausreichend ernähren. Sie halfen in Werkstätten und Betrieben mit, die Buben schleppten Ziegel oder schnitten Haselruten für Fassreifen, die Mädchen sammelten Beeren in den Kahlschlägen der Wälder. Die

Kinder gehörten zur Wirtschaft dazu, über ihre Zeit wurde verfügt. Nach Schulschluss waren sie unterwegs, erledigten Botengänge, Wege, fütterten allerlei Tiere der Nachbarn und freuten sich über etwas Brot, das man ihnen dafür gab. Je nachdem, wo die Kinder untergebracht waren, erlernten sie den Umgang mit Holz, Stein, Eisen oder Wasser. Zum Spielen bewegten sie sich frei im Tal. Dem Fluss und den Bächen waren sie besonders zugetan, sie fingen Forellen und brieten sie, ließen sich die Traun hinuntertreiben, lagen im Wäldchen am Ufer und träumten von der Neuen Welt. Sie hatten von den Auswanderern gehört, die Mitte des 19. Jahrhunderts über das Wasser gefahren waren, deren Briefe aus dem Goldenen Westen wurden in Winternächten vorgelesen, und die Fotografien der amerikanischen Goiserer gingen von Hand zu Hand. Und obwohl „die amerikanischen Erdbeeren nicht so süß" sind, wie eine Auswanderin in einem Brief schrieb, fragten sich viele, ob ihre Entscheidung, hier zu bleiben, richtig war, zumal sich die Verhältnisse nicht wesentlich verbessert hatten. Auch die beginnende Industrialisierung bediente sich der Arbeitskräfte im Ort, ohne Wohlstand zu bringen. Wer ihn noch kannte, erzählte den Kindern über Konrad Deubler. Sie sollten es besser haben als die Menschen seiner Generation.

Der Rebell und Philosoph Konrad Deubler

Es gab Zeiten, da reifte das Obst nicht und der Herbst holte es von den Bäumen. Es fröstelte die Menschen. In den Öfen qualmte das Holz. Regnete es die Nacht durch, stieg der Fluss aus seinem Bett. Die Alten aßen ölige Talgsuppen um bei Kräften zu bleiben, die Männer droschen Salz aus den weit verzweigten Steingassen der Berge, und wer konnte, verschlief den Tag. Nichts kam in den Ort und niemand kam ohne Weiteres aus ihm heraus. Vor Jahren hatte jemand in die Lederhaut des Schulglobus da, wo man den Ort mutmaßte, ein Kreuz eingeritzt, sodass die ortsansässigen Kinder dessen Lage blind im Gedächtnis bewahrten. Alles hatte seinen Lauf und seine Dauer. Ewig zu sein schien nur die Bestimmung, vor Ort leben zu müssen, und vielleicht erklärte diese stille Einheit von Raum und Zeit die allgemeine Sehnsucht. Es gab welche, die legten sich in den Fluss und entkamen, andere träumten vom Meer. Unter den Kindern sprach es sich herum, dass hinter dem großen See Jagd auf Indianer gemacht würde, und deren Land frei zu haben wäre. Doch als eines von ihnen, mit einer Axt und Brot im Gepäck, frühmorgens davonschlich, um den Bewohnern des Orts neuen Boden zu gewinnen, hielt es ein wachsamer Forstmeister auf und zerrte es zurück. Der Vater, der Lehrer und der Pfarrer meinten es gut und schlugen das Kind jeder auf seine Weise. Unverdrossen gab es jedoch an, bereits das

Meer gesehen zu haben. So unbedeutend dieses Vorkommnis den Behörden auch schien, so sehr blieb es allen im Gedächtnis. Zwar veränderte die Geschichte mit den Jahren ihre Erzählweise, und niemand wusste mehr genau, wie es damals herging, doch man lachte darüber, und das gab Anlass zur Hoffnung.

Häuser haben eine Front und eine Rückseite, die den Blick auf das Innere der Liegenschaft erlaubt, das Private, die Veranden und Wintergärten, Wäscheleinen und Verschläge. Die ehemalige Gastwirtschaft *Zur Wartburg* in der Kirchengasse gehörte Konrad Deubler, dem legendären Goiserer, dessen Lebensgeschichte den Bewohnern des Orts verinnerlicht ist. Der 1884 verstorbene Müller, Gastwirt, Bauer, Philosoph, Freidenker und vieles mehr, ist heute zu einem schemenhaft erinnerten Phantom des echten Salzkammergütlers geworden, sogar mit dem Kaiser selbst im Dialekt sprechend, sei er stets in Tracht gekleidet gewesen, urig und widerständig, heimatverbunden und obrigkeitskritisch. An der Fassade seines Hauses wurde eine Gedenktafel angebracht, und der Themenweg *Anfänge der Arbeiterbewegung* führt daran vorbei. Denn in der *Wartburg* traf man sich und las nach dem Scheitern der Revolution 1848 verbotene Bücher und Zeitschriften, daraus wurde der Arbeiter-Bildungsverein, und im ersten Stock befand sich eine in dieser Zeit einzigartige Bibliothek. Deubler war Intellektueller, ein Original, wissenschaftsbesessen und Enfant terrible für Pfarrer, Pastoren und Monarchisten. Als Freund der amerikanischen Verfassung hatte er Fernweh nach Freiheit, bereits als Kind riss er aus und suchte das Weite, und in den Kasematten der Brünner Festung Spielberg hatte er eine Dunkelhaft als „Religionsstörer und Staatsfeind“ abzusitzen, die ihm die Heimat als Sehnsuchtsort schenkte: sein Goisern.

Von nun an reiste er mit seinen Naturkundebüchern in die Welt, mit Darwin auf die Galapagosinseln, mit Alexander von Humboldt von Cartagena nach Lima, er korrespondierte mit zeitgenössischen Philosophen und Wissenschaftlern, erschnorrte sich deren Erstausgaben als *einfacher Mann aus dem Volk*, und brachte sogar Ludwig Feuerbach nach Goisern, der dem mittlerweile in Wissenschaftskreisen bekannten, als etwas kurios geltenden *Alpenmenschen* einen freundschaftlichen Besuch abstattete. Die Gastwirtschaft hatte er schon lange aufgegeben, nun wohnte er als Bauer auf dem Primesberg, der Sternenhimmel wurde sein zweites Zuhause. Meine Ururgroßmutter, Deublers Ziehtochter Nandl, führte die *Wartburg* weiter, später war hier das legendäre Wirtshaus *Lehner*, heute hat sich ein Büchsenmacher im Erdgeschoß eingemietet, Jagd- und Sportwaffen, Fischereigeräte, Geschenkstube, Sprengmittel. An den Vertäfelungen der alten Wirtsstube hängt nun Fischereizubehör, Jagdwaffen sind in Vitrinen zu betrachten und anderes Schießgerät lehnt an den Wänden. Auf einer Eckbank liegt ein Stapel Goiserer-Hüte, die Zierde der Männer im Ort gibt es in allen Größen. Die Front des Hauses in der Kirchengasse ist intakt, während die Rückseite des Deubler-Hauses verfällt. Die Fenster stehen offen, das Innere ist ausgehöhlt und das Holz des Balkons wird morsch und fällt auf die Straße. Der Inhaber des im Anbau des Hauses, einer Bausünde der 70er-Jahre, befindlichen Kebab- und Pizzalokals, beklagt die Nässe in den Mauern, die sich nicht mehr übertünchen lässt. Das alte Deubler-Haus ist dem Verfall preisgegeben, steht nicht unter Denkmalschutz. Wohneinheiten sollen geplant sein. Der nunmehrige Besitzer des Hauses, ein Bauherr aus Traunkirchen, hat Zeit.

Der Gesang des Bauern Josef Reisenbichler

Das Zeitgeschehen ist messbar, und nach der Jahrhundertwende zählte man die Bewohner des Orts. 1901 wurden 4523 Personen, davon 2870 evangelische, 1647 römisch-katholische, 3 mosaische und 3 konfessionslose erfasst. Dazu kamen 59 Pferde, 2079 Rinder, 3 Maultiere, 332 Ziegen, 880 Schafe, 46 Schweine, 532 Bienenstöcke und 2496 Stück Geflügel. Die Wälder und Almböden waren jedoch meist nicht im Besitz der Bauern, die sie bewirtschafteten, sondern landwirtschaftliches Gut der Adeligen und Grundherren, deren Jagdgesellschaften das Wild aus den Tälern, den Leibrevieren des Kaisers, schossen. Die sich ihnen andienenden Jäger und die sich dagegen auflehnenden Wilderer waren im Ort Nachbarn, verbunden durch Heirat, Vereinsleben und Verwandtschaft, sie spielten in Musikkapellen, gingen zur Kirche, halfen einander im Unglück und begruben ihre Toten gemeinsam. Man kannte die Wilderer, kaufte das Wildbret unter der Hand. Überhaupt waren Persönliches und Lebensart schwer zu verbergen, manches war bald vergessen, aber einiges blieb im Gedächtnis, wurde in den Aufzeichnungen der Dorfschreiber erwähnt oder gar in der Faschingszeitung berichtet. Denn spotten, das konnten die Goiserer. Wer es darüber hinaus in eine Strophe des Gesangs von Josef Reisenbichler schaffte, wurde endgültig Teil der Ortsgeschichte. 1839 geboren, waren dem Bauern am Rehkogel Arbeit und Kunst eins, er dichtete und schnitt das Gras, „und wenn die Wachtel ruft und die Drossel singt, und wenn der Gamsbock lustig über'n Felsen springt", er jodelte und klob das Holz, „wenn die Sendrin juchezt und der Kuckuck schreit, ich kanns nicht sag'n, wie mich das freut!". Wenn der *Wöfö*, so sein Hausname, über den schönen Frühling sang, waren die Gaststätten an den Kirchensonntagen gut besucht, sodass man auf Leitern stieg, in Trauben an den Sprossen hing, um seine kurzweiligen Rezitative und Lieder zu hören. Bei Unterhaltungsabenden, die in Privathäusern stattfanden, musizierte man die ganze Nacht. Er sang über die Hiatamadln, die freie Liebe, das Leben der Bergbauern, das Almrauschen, die harte Arbeit in der Natur, aber auch über den Krieg und gegen die Herrschaft in

Wien. Der *Wöfö* improvisierte tagesaktuell, die Noten und Texte der Spottgesänge notierte er nicht. Als sich einer der Jäger persönlich angegriffen fühlte und Reisenbichler verklagte, wurde dieser nach zwei Tagen Arrest mit Jubel empfangen. Der Jäger hatte in einer Dörrhütte Fleisch gefunden und ins Forstamt getragen, er vermutete Wilderei, doch es handelte sich um das Fleisch eines Kuheuters. Das *ehrabschneidende Gsangl* blieb im Repertoire, nun kannte jeder im Salzkammergut den *Wöfö*. Seine Texte, Soziogramme der Lebenswelt im alten Goisern, die Hoffnung auf Glück, eine misslungene Brautwerbung, der Trost durch die Natur, muten uns heute naiv an, und doch passen sie in die Zeit. Im Alter schrieb er die Lieder auf, 1906 wurden sie als Volksliedkunst veröffentlicht. Der legendäre *Goiserer Viergesang* spielte sie Jahrzehnte später ein. Josef Reisenbichler wusste viel über seine Goiserer und seine Welt, doch traute er dem Frieden nicht, zweifelte an der Verlässlichkeit des Glücks. „Gerüstet stand das Militär, und alles war zum Kampf bereit. Viel tausend Krieger sinken hin, sie dachten nicht den Tod so nah, die gestern noch wie Rosen blühn, die liegen heut im Blute da“. Er starb wenige Monate vor dem Beginn des Großen Krieges 1914.

Der Beginn der Arbeiterbewegung

Einige Jahre zuvor feierte man das Regierungsjubiläum des Kaisers. 1908 war er bereits sechzig Jahre an der Macht, und im Raum Ischl waren umfangreiche Planungen im Gange. Die Kosten für die Feierlichkeiten wurden nach dem Stand der Einwohnerzahl der Orte aufgeteilt, Goisern schickte eine der vierzehn festlichen Deputationen. Das Dorf wurde schwarz-gold geschmückt, die Bevölkerung behördlich angehalten zu feiern, stand doch die evangelische Gemeinde dem Kaiserhaus ambivalent gegenüber. Repressionen, der Zwang zum Katholizismus und die Landesverweisungen von evangelischen Familien nach Siebenbürgen waren im Ortsgedächtnis geblieben. Angesichts der Verelendung vieler Ortsbewohner in der Ära Kaiser Franz Josephs, der Bespitzelung und Inhaftierung von Männern und Frauen, von denen einige nicht mehr nach Hause kamen und in den böhmischen Kerkern zugrunde gingen, war man Habsburg-kritisch, reserviert und jeglicher Kaiserverehrung, wie man sie in Ischl pflegte, gegenüber fremd. Obwohl sich die Verwaltung bemühte, ihre Untertanen im Vorfeld der Feiern positiv zu stimmen und die Not durch Zugeständnisse zu mildern, etliche in prekären Verhältnissen arbeitende Forstarbeiter wurden als ständig aufgenommen, beging man das Regierungsjubiläum moderat. Längst hatte die Arbeiterbewegung in Goisern Fuß gefasst und zur Selbsthilfe gegriffen, durch den Bergbau und eine organisierte Arbeiterschaft gab es eine richtiggehende Tradition gemeinsamer Interessenvertretung gegen die Obrigkeit. Durch Bildung zur Freiheit – dies war der Grundgedanke des in Goisern gegründeten Arbeiter-Bildungsvereins.

Konrad Deubler hatte durch seine den Bewohnern des Orts offenstehende Bibliothek, in der *Wartburg* lagen auch internationale Zeitungen auf, das Lesen zur Waffe gegen die Unmündigkeit erklärt. Hier wurde die erste Versammlung des Arbeiter-Bildungsvereins im April des Jahres 1868 einberufen, Wissbegierde wurde zum Kampfmittel, Belesenheit zur Widerstandsform. Man traf sich regelmäßig, las gemeinsam wissenschaftliche Bücher, Unternehmer des Orts unterrichteten die Arbeiter in Buchführung. Es galt, das Leben in die eigene Hand nehmen zu lernen, *lese was, dann weißt du was*, um der Arbeitslosigkeit und der Abhängigkeit von Almosen zu entgehen. Und eines Tages „treten an die Stelle von Militärmonarchien Republiken", so hoffte man, die Bildung aller Bürger war der erste Schritt dazu, so dachte man. Die Staatsanwaltschaft Wels hatte den Verein stets im Auge, dem konspirative Zusammenkünfte und das Lesen verbotener Literatur vorgeworfen wurden. Nachgewiesen werden konnte den Goiserern nichts, sie hatten aus den Erfahrungen mit der Zensur gelernt. Um möglichst viele Interessierte zu gewinnen, wurde in den Statuten des Arbeiter-Bildungsvereins festgehalten, dass nur dessen Mitglieder dem Arbeiter-Konsumverein beitreten könnten; diesem angeschlossen waren eine Bäckerei, eine Fleischhauerei und ein Gasthof mit günstigen Preisen. Zur sozialen Absicherung wurden ein Spar- und Creditverein, ein Privatarbeiter-Krankenverein und ein Alters-Versorgungsverein gegründet. Feuerwehr und Musikvereine folgten. Durch Spenden, Stiftungen, Theateraufführungen, Preisgelder und Sammlungen entstanden Netzwerke der Solidarität und eine gewisse finanzielle Absicherung der Mitglieder. Der Arbeiter-Bildungsverein hatte vor dem Ersten Weltkrieg bereits 1428 Mitglieder, viele kamen hier erstmals in Berührung mit dem Wissen über eine Welt, von der sie zuvor in den konfessionellen Bürgerschulen im Ort niemals gehört hatten.

Der Goiserer Schriftsteller Franz Kain besuchte das katholische Internat der Schulbrüder im Ort, und die Bibliothek des Arbeiter-Bildungsvereins hatte ihn immer fasziniert. „Sie war in einem großen Zimmer des Konsumvereins untergebracht. Man konnte von einer kleinen stillen Seitengasse über eine dunkle Stiege in diesen Raum gelangen", erinnerte er sich. In der Diktatur des Ständestaats 1934 gelang es nur unter der Bedingung, sich in Bildungsverein umzubenennen, die Auflösung des Vereins zu verhindern. Doch „sie haben alles weggeschleppt", „alles, was freidenkerisch ist, haben sie ausgeschieden und alles, wo das Wort ‚rot' vorkommt". Vier Jahre später sortierten die Nationalsozialisten *verbotene* Bücher aus und ersetzten diese durch ideologisch erwünschte Literatur, zudem hatten sich viele Mitglieder des Bildungsvereins dem Nationalsozialismus angeschlossen. Sie schienen die Hoffnung, die wirtschaftlichen und politischen Verhältnisse der Zwischenkriegszeit aus der Kraft der Arbeiterbewegung heraus zu überwinden, aufgegeben zu haben. 1939 wurde der Verein aufgelöst und der Deutschen Arbeitsfront angeschlossen, die Bibliothek wurde von der Gemeinde weitergeführt. 1945 wurde der Buchbestand ein weiteres Mal dezimiert, im Zuge der Entnazifizierung entnahm man über tausend Bände. Was blieb, ist eine Gemeindebücherei, deren Mitarbeiter sich bis heute engagieren, die Goiserer zum Lesen zu verführen. Noch in den 1970er-Jahren stieß man vereinzelt auf alte Bände, man erkannte sie an den Stempeln, dem vergilbten Papier, der Schutzhülle, der Frakturschrift. Mit der Zeit verschwanden sie, wurden, weil zu kostbar für den Verleih, in die Vitrine gestellt, oder zerfielen und kamen zum Buchbinder. Leopold Rainer, der schon als Kind die Bücherei besuchte, ist seit sechzig Jahren Bücherei-Leiter und kennt die Benutzer der Bücherei persönlich, heute sind es über achtzig Prozent Frauen, während 1911 über neunzig Prozent der Leser männlich waren, sagt er. Eines bedauert Rainer, dass die Urlauber keine Bücher mehr entlehnen. Früher hatte er die Stammgäste des Orts jedes Jahr begrüßt, sie waren auf Sommerfrische, richteten sich ein, und dazu gehörten Bücher. Heute hätten die Kurzurlauber wenig Zeit, schon gar nicht, um zu lesen.

Der Todschmecker von Goisern

Man sagte, es gäbe ein zweites Gesicht. Der Matthias Peer hatte es, so sagte man. Unerklärliches schien zur Wirklichkeit zu werden. Leicht hatte er es nicht, oft wälzte er sich in der Nacht im Bett und wachte mit einer Namenseingebung auf. Wenn der Holzknecht während der Arbeit zu zittern began, und in eine bestimmte Himmelsrichtung blickte, dann starb jemand im Tal. „Gott sei ihrer Seele gnädig, d'Scheitzn Liesl muaß übers Ramsaubirig außi". Wessen Seele dem Sonnenuntergang nachging, den erwarteten höllische Strafen, wer dem Sonnenaufgang entgegen ging, wurde selig, meinte der Todschmecker, wie der Peer genannt wurde. Er irrte sich nie in der Sterbestunde, kein einziges Mal, dafür verbürgten sich seine Zeitgenossen. Hatte er einen Toten gehen sehen, hörten die Männer das Sterbeglöckchen bereits beim Abstieg ins Tal. Eigentümlich war er, untersetzt, bleich, ein Sonderling und ausgesprochen bibelfest. Dass er den Freitod des eigenen Sohnes nicht gespürt hatte, kränkte ihn. Auch seinen eigenen Tod 1906 ahnte er nicht. Der Peer ist nicht normal, so sagten viele. Heute noch wird an den Goiserer Todschmecker erinnert, sein zweites Gesicht, ein parapsychologisches Phänomen, ein Mensch mit außersinnlicher Wahrnehmung, der ein zeitlich und räumlich entferntes Geschehen bildhaft sehen konnte. Angeblich geschehe dies nur Menschen, die einfach und naturgemäß lebten. Der Ortschronist notierte philosophisch, „dass es für das Große, Ganze wohl ebenso wenig eine Zeit nach unseren Begriffen, weder ein Vergangenes noch Gegenwärtiges oder Zukünftiges gibt, wie es im Weltall auch kein oben und unten, rechts oder links gibt, dass es nur ein ‚Immer' geben kann und räumlich kein da oder dort, sondern nur ein ‚Überall'".

Soziale Missstände

Zeitgeschichte, ob Alltagsgeschichte oder Weltgeschichte, gewinnt je nach Erzählweise an Tiefenschärfe oder bleibt kursorisch überblicksartig. Die Protokolle im Gemeindearchiv sind eine Quelle, die den Blick vorwiegend auf behördliche Angelegenheiten richteten, etwa Grundbuchangelegenheiten und Wasserrechte, Verkehrswege und die Vergabe von Heimatscheinen. Von Zeit zu Zeit wurden auch Unglücke wie Lawinenabgänge oder Unfälle bei der Waldarbeit erwähnt, oder wenn Fälle von Kinderlähmung und Meningitis auftraten und die Verstorbenen für einen Augenblick namentlich in die Geschichte eingingen. 1910 war der Tischler und Anstreicher Josef Unterberger, Au 38, abgängig. Zuletzt hatte man ihn im Gasthaus zur Linde gesehen, „er kam öfter die ganze Nacht nicht heim und hatte sich schon vor längerer Zeit und auch seither wiederholt geäußert, er werde schon einen Platz finden, wenn es nicht mehr gehen sollte. Die letzte Zeit war er wieder elf Tage nacheinander alle Tage betrunken", so vermerkte man den Vorfall im Protokoll. Josef Klackl, Bauer in Unterjoch 3, und Anton Ratzenböck, Goisern 115, waren gegen Mittag mit Sandführen unterhalb von Steeg beschäftigt, als sie einen Mann in der Traun entdeckten. Sie riefen ihm zu, versuchten, ihm eine Stange zu reichen, liefen am Ufer entlang, doch „wir sahen, dass er auf dem Rücken schwamm, mit dem Oberkörper unter Wasser sank, und die Füße aus dem Wasser hervorragten“. Obwohl der Hergang des Unglücks detailreich dokumentiert ist und Ort, Personen und Zeitpunkt bekannt sind, wissen wir wenig darüber, was Josef Unterberger in seinem Leben widerfahren ist. Es bleibt im Grunde offen, kann jedoch als exemplarisch in das Zeitgeschehen eingepasst und weitergesponnen werden. Viele Taglöhner, Gelegenheitsarbeiter und Arbeitslose litten an Alkoholismus. Hatten sie ein Armutszeugnis, eine Beglaubigung auf ein Anrecht auf Armenrecht, konnten sie bei *recidivierendem Delirium* in der Landesirrenanstalt Niedernhart auf Kosten der Gemeinde und des Landes untergebracht werden. Nach einiger Zeit entlassen, kehrten sie bald wieder in die Gaststätten ein, erkrankten erneut. In Goisern wurde viel getrunken, 1909 brannten 270 Parteien *zum Hausgebrauche* Branntwein, so die Meldung an die Ischler Finanzwache-Abteilung. Als die Gemeinde eine Biersteuer für den Bau eines neuen Schulhauses einführte, für jeden konsumierten Hektoliter Gerstensaft sollten ein Gulden und fünfzig Kreuzer in die Gemeindekassa kommen, konnte die Kaiser-Franz-Joseph-Volksschule bereits nach drei Jahren eröffnet werden. Im Ischler Wochenblatt fand sich eine Annonce, in der die „Frau, Schwester oder Tochter“ der von Alkoholismus Betroffenen angesprochen wurde: „Keine Trunksucht mehr. Eine Probe von dem wunderbaren Cozapulver wird gratis verschickt. Kann in Kaffee, Tee, Bier, Wasser, Essen oder Spirituosen gegeben werden, ohne dass der Trinker es zu wissen braucht. Erzielt die wunderbare Wirkung, dass die Spirituosen dem Trinker widrig vorkommen. Hat Tausende von Familien wieder versöhnt, und Tausende von Männern gerettet, welche nachher kräftige Mitbürger und tüchtige Geschäftsleute geworden sind. Korrespondenz in Deutsch."

Fragmente der Erinnerung

Ich pflanze einen Rosenstock vor dem Haus. Der Boden ist hart, und der Spaten dringt nur wenige Zentimeter in das Erdreich ein, stößt auf Wurzeln, Holz und Steine des 1895 abgerissenen Bäckerhauses. Ich grabe Geschirr aus Emaille, ein Sieb und einige Nägel aus. Als ich dieser Tage in der Ortschronik blättere, entdecke ich zufällig den Namen meiner Familie und einige Zeilen über das alte Haus und seine Bewohner. Ich erfahre, dass mein Urgroßvater Michael Wisinger als Bäckergehilfe Goisern verlassen hatte und in Süditalien wegen „Vagabundage" angehalten wurde. „Was willst denn machen, wenn der Michel narrisch ist", meinte sein Vater, und der Chronist fügte beschwichtigend hinzu, er „war ein kluger Kopf und wohl befähigt, sich vielerlei in der Welt anzuschauen". Familiengeschichte setzt sich aus den Erzählungen über Generationen zusammen, es sind Fragmente der Überlieferung, biografische Eckdaten, die mit Adjektiva verdichtet werden, lebenslustig, bürgerlich, doch es bleibt schemenhaft. Die in einer Lade des altdeutschen Büffets im Haus aufbewahrten Ariernachweise helfen weiter, die Mütter starben jung, und alle Männer waren Bäcker im Ort. Die Söhne suchten das Weite und kamen wieder, Töchter gab es keine. Als Michael Wisinger die Bäckerei schließlich übernahm, heiratete er 1891 die siebzehnjährige Anna Zopf, die einigen Besitz in die Ehe mitbrachte. Konrad Deubler hatte seiner zehnjährigen Adoptivenkelin die Liegenschaften am Primesberg, die Kunstgegenstände und Sammlungen, sowie die 1400 Bände umfassende Bibliothek vermacht. Da das alte Bäckerhaus an der Reichsstraße, ein ebenerdiges Gebäude mit bemoostem Vordach, auf dem bereits ein Fichtenbäumchen gewachsen war, Platz für den wachsenden Verkehr im Ort machen musste, erbaute Anna ein Geschäftshaus mit einem eigenen Backhaus. Die zweistöckige Villa mit Balkon und Türmchen wurde von Massimiliano Cordignano geplant, einem in Aussee lebenden Architekten und Baumeister aus Friaul-Julisch Venetien, der als 18-jähriger Saisonarbeiter für den Bau der Eisenbahnlinie Aussee-Bad Ischl nach Österreich gekommen war. Er errichtete auch das Kaiser-Franz-Joseph-Badhaus, die Jesuskirche und das Cordignano-Haus in Aussee, die Villa Schäffner in Ischl, die Pfarrkirche am Grundlsee und die Villa des Gottlieb Oberhauser in Goisern. Auch andere Gewerbetreibende bauten Stadthäuser, die „nicht dem ländlichen Charakter angepasst wurden, man glaubte wohl, sich damit vor den Fremden als was zeigen zu können, ihnen ein schöneres Ortsbild zu bieten", kommentierte der Ortschronist. Die Bibliothek und die Sammlungen Konrad Deublers, Prachtausgaben und signierte Erstausgaben, Bilder, Büsten und andere Raritäten, übergab Anna der Gemeinde Goisern, so Deublers letzter Wille. Aus Platzmangel auf mehrere Standorte verteilt, aber auch durch die sukzessive Beseitigung religionskritischer und wissenschaftlicher Bücher, schließlich infolge mehrerer Umzüge und mangelnder Inventarisierung, ist der Großteil des Nachlasses verschwunden. Heute finden sich einige wenige Gegenstände Deublers, Lehnstuhl, Pfeife, Lampe und Vitrinen mit Büchern, im Heimatmuseum. Die einzigartige Bibliothek wurde mit der Zeit vertragen.

Fremdenverkehr und Idylle

„Goisern ist vielleicht das schönste Dorf der Monarchie, 120 Häuser, 708 Einwohner und eine uralte Kirche, jedes Haus mit einem Vorgärtchen", so war 1834 im *Handbuch für Reisende im österreichischen Kaiserstaate* zu lesen. Der Werbetext begründete Goisern als Sehnsuchtsort, ein Geheimtipp in der Nähe der Kaiserresidenz Ischl, doch urtümlicher, naturbelassener. Maler und Reiseliteraten beschrieben die Landschaft als Erholungszone, ein Jodschwefel-Bad wurde eröffnet. Die bisher unter sich lebenden *Einheimischen* trafen auf *Stadtmenschen,* die in den *Naturburschen* und *braven*

Leuten ein Gegenmodell zu ihrer urbanen Welt sahen, vielleicht auch gewissen kolonialistischen Denkmustern über die *edlen Wilden* anhingen. Um Kraft zu schöpfen, gesellte man sich zu den von der Natur abgehärteten Salzkammergütlern, schlief in deren Betten, ersten *Fremdenzimmern,* die Gastgeber wohnten in den Sommermonaten auf den Dachböden. Die urbanen Eliten, die sich die Sommerfrische im Gebirge leisten konnten, schlüpften auch in die Kleidung der urigen Landmenschen, man trug Lederhose und Trachtenjanker. Das Dirndl, eine Modeerscheinung der damals aufkommenden Tourismusbranche, wurde zum Markenzeichen der österreichischen Provinz. Die Bezeichnung Dirndl leitete sich von den *Diernen,* den Mägden ab, deren Arbeitskleidung ein Leibgwandl mit Hemd war. Auch die Goiserinnen trugen es, nicht nur um den kommerzialisierten Bildern ihrer Heimat zu entsprechen, die bedruckten Baumwollstoffe trugen sich gut, Farbpunkte in der Landschaft, feminin und praktisch. Was als Betonung alter Bekleidungsformen begann, als Teil einer Kulisse für den modernen Fremdenverkehr, Berge, Seen, Musik und Menschen, Idylle, wurde Tradition. Nach der missbräuchlichen Politisierung der Tracht im österreichischen Ständestaat und im Nationalsozialismus als völkisches Bekenntnis, diente sie nach dem Krieg dem Aufbau einer neuen österreichischen Identität. Bekannte Heimatfilme spielten in der guten alten Zeit der Monarchie, die Bevölkerung in Lederhosen und Dirndl, Spalier stehend, jubelnd. Geschichtsbilder setzten sich fest. Erst in den 1970er Jahren wurde die Tracht unmodern, günstige Konfektionsmode, auch Amerikanisches, kam auf den Markt, die Sozialdemokratie unter Bruno Kreisky reformierte das Land, dem folgte der Kleidungsstil. Jeans und T-Shirts statt Dirndl, das Ländliche urbanisierte sich, und die Trachten blieben im Schrank. Nur die Älteren *trugen sie auf.*

Verabschiedung in den Krieg

Die Zeitungen berichteten schon seit geraumer Zeit über die neuen Superwaffen, Flammenwerfer, Maschinengewehre, Splitterhandgranaten, Pistolen statt Revolvern, Flugzeuge, U-Boote und Giftgas. Europa rüstete auf. Panzer lehnte Kaiser Franz Joseph eher ab, da die Pferde scheuen würden. Immer mehr Stimmen befürworteten, die diplomatischen Konflikte auf dem Balkan militärisch zu lösen, Begriffe wie *befreiender Erstschlag* kamen auf, wenngleich Gewissheit darüber herrschte, dass dieser ohnehin nicht eintreten würde. Doch die Vorzeichen mehrten sich. Die Bezirkshauptmannschaft Gmunden ordnete die strenge und unauffällige Überwachung verdächtiger Ausländer, „namentlich Serben und Russen", in der Region an. An den Goiserer Stammtischen stritten Patrioten mit Pazifisten, es wurde viel über den kommenden Krieg geredet, der für die einen nur gerecht sei und nicht lang dauern könne, was die anderen bezweifelten. Dann ging man zum Alltag über, die Fremdenverkehrssaison 1914 musste vorbereitet, Kieswege ausgebessert und bemooste Bänke gereinigt werden. Der Winter hatte lang gedauert. Als die Kirchenglocken der evangelischen und der katholischen Kirche nach der Ermordung des Thronfolgers Franz Ferdinand und seiner Frau Sophie läuteten, fiel man aus der Zeit, deren Gang selbstverständlich gewesen war. Das Ultimatum an Serbien täuschte die Möglichkeit einer Weiterführung des gewohnten Lebens vor, der Kaiser reiste Anfang Juli mit dem Hofstaat an, auch hohe Militärangehörige logierten in Ischl, tanzten auf Redouten und ritten entlang der Traun aus. So konnte kein Krieg beginnen, dachte man. Doch dessen Befürworter suchten die schnelle Konfrontation, es sollte ein *Denkzettel* verpasst werden, und die Presse schrieb die Alternativlosigkeit von Gewaltausübung herbei. Erster Kriegstreiber war Generalstabschef Franz Conrad von Hötzendorf, der *Falke des Kaisers* forderte den sofortigen Angriff, aber der Monarch und sein Außenminister Leopold Graf Berchtold sprachen sich dafür aus, den diplomatischen Schein zu wahren, für den Angriffskrieg sollte Serbien verantwortlich gemacht werden. Doch international registrierte man diese Absicht, sprach von einer Verblendung Österreichs. Der Krieg war längst beschlossene Sache, obwohl Serbien in fast allen Punkten des Ultimatums nachgab. In letzter Minute erbaten Großbritannien und Russland Zeit für Verhandlungen, auch der Bündnispartner Kaiser Wilhelm verwies darauf, dass mit dem Eingehen Serbiens auf das Ultimatum der Kriegsgrund wegfiele. Der Historiker Manfried Rauchensteiner schildert den historischen Moment der Kriegserklärung lapidar. Der Kaiser „blieb passiv, ließ sich informieren, versah Dokumente mit seiner Unterschrift. Statt viele Worte zu machen und Initiativgeist zu zeigen, verwandelte er die Entfesselung des Krieges in einen ‚einfachen Verwaltungsakt'". Als in Goisern erste Einberufungen bekannt wurden, behoben die Kunden des Spar- und Creditvereins ihr Geld, stürmten die Geschäfte, der Arbeiter-Konsumverein rationierte Mehl und Gries. Ein Bote aus Gmunden brachte die General-Mobilisierungskundmachung, bereits am nächsten Tag verabschiedeten sich die ersten Familien von ihren Vätern, Ehemännern und Söhnen, es sollten viele Abschiede werden. Meine Urgroßeltern Anna und Michael brachten ihren 20-jährigen Sohn Leopold zum Bahnhof. Es dauerte lange, bis der Zug abfuhr, Ansprachen und leichte Marschmusik, letzte Küsse, Briefchen wurden zugesteckt, man versprach sich ein baldiges Wiedersehen, mehr gab es nicht zu tun. Die Gasthäuser blieben die ganze Nacht geöffnet, niemand ging nach Hause, keiner schlief.

Bild folgende Seite: Kriegsbild gefallene Goiserer

und lebenden
der toten
Ruhe
Welt-
1914

Helden von
Goisern.
1914–1918
Krieg
1918

Das Gelände zwischen den Gräben wurde als Niemandsland bezeichnet, eine Luftlinie, die es zu überwinden galt, ein Raum, in dem getötet werden musste, um selbst zu überleben. Zwischen den Feinden waren je nach Gelände 100 bis 250 Meter, bei leichtem Wind roch man Tabak, Bienen summten, sonst war es still. Wenn der Kampf losbrach, der Befehl schien aus dem Nichts zu kommen, sprangen die Männer über Leitern aus der Deckung und liefen in die Salven der Maschinengewehre hinein. Waren die ersten Linien am Boden, stolperten die nächsten über ihre Körper, kamen zu Fall, schlossen die Augen und drückten sich flach auf den Boden, doch die Feinde zielten tief. Die Generäle, die das Gemetzel aus dem Hinterland befehligten, hatten im ersten Krieg des industriellen Zeitalters sechzig Millionen Soldaten am Schlachtfeld, *maximum slaughter at minimum expense*, ein gigantisches Gemetzel, in dem Menschenleben wenig kosteten, wie der englische Philosoph und Pazifist, Bertrand Russel, konstatierte. Die größte Angst hatten die Männer nicht vor einer Kugel, sondern vor der Verstümmelung, der Unkenntlichmachung, dem Verlust des Gesichts, dem eigenen Anblick.

Heimatfront Goisern

Der Krieg kam nie nach Goisern, doch Goisern war mitten im Krieg. Manche erzählten sich später, sie hätten an den Felswänden der Ewigen Wand die Geschützdonner an der italienischen Front vernommen, der Krieg fuhr durch die Kalkstöcke, und auch Forstarbeiter im Weißenbachtal meinten, den Lärm bis hierher gehört zu haben. Das weltumspannende Sterben lag wie ein leises Dröhnen in der Luft. Trotz der Kriegspropaganda, die sich stark an die Opferbereitschaft der Frauen richtete, von der Beteiligung am *Liebesgaben-System,* zärtliche Korrespondenzen und kleine Aufmerksamkeiten für unbekannte Soldaten, bis zur Durchführung von patriotischen Sammlungen, verblasste die Heroisierung des Feldzugs zusehends. Der in den Kirchen noch 1914 verlautbarte *gottgewollte Krieg* des katholischen Herrschers, der Feind hingegen gottverlassen, sollte auch an der *Heimatfront* geführt werden. Es wurde für die Soldaten gebetet, doch auch für den baldigen Frieden. Diejenigen, die den Kriegseintritt als befreienden Schlag zur Wiederherstellung der alten Ordnung gesehen hatten, verstummten. Als die ersten Invaliden zurück in den Ort kamen, hatte der Mythos eines *ehrlichen Kampfes von Mann zu Mann,* etwa eines *Isonzokriegers* oder *Dolomitenkämpfers,* keinen Bestand mehr. Die in der Feldpost aufgrund der Zensur verschwiegene Ausweglosigkeit an der Front, die Gewalterfahrung durch die eigene Militärführung, die mit Standgerichten gegen *Feiglinge* vorging, und das massenhafte Sterben in der Kriegsmaschinerie waren offensichtlich geworden. Ständig wurde nachgemustert, die Kriegspropaganda half nach, „gerade wir aus dem Salzkammergute, die wir das Glück haben, daß fast alljährlich unser geliebter Kaiser Seine Erholung von Seinen schweren Regierungsgeschäften bei uns im Salzkammergute sucht, wollen den Tirolern nicht nachstehen, die so viele Bataillone freiwilliger Schützen und Standschützen ins Feld gestellt haben“, so ein Aufruf 1915. Die Militärmärsche klangen bleiern, eine Pflichterfüllung bei hohem Besuch. In den Ortschaften und in den Gaststätten wurde kaum musiziert, der Gedanke an die fehlenden Musikanten schien unerträglich. Erst als Widerstand gegen den Krieg und die Not aufkam, der Krieg verloren schien, griff man zu den Instrumenten und intonierte die alten Lieder. Die Natur würde es richten, darauf vertraute man.

Die Kriegswirtschaft brachte der Bevölkerung im Salzkammergut unvorstellbare Not. Nach einer Kartoffel-Missernte folgte der Hungerwinter 1917/18, man verkochte Dörrgemüse und Steckrüben, *Wrucken*, und trank bläulichen, im Hals kratzenden Most, Bier gab es schon lange nicht mehr. Da die Verzweiflung im März auf das Äußerste angewachsen war, die Kinder hungerten, begab sich eine Deputation, bestehend aus Dechant und Pfarrer, einem Förster, Vertretern des Konsumvereins und der Forstarbeiter, zur Statthalterei nach Linz. Sie kehrte mit einer schlechten Nachricht zurück. Es gebe keine Vorräte mehr, nur mehr Kriegsbrot mit Gersten- und Kartoffelmehl, die Bevölkerung sei auf sich selbst gestellt. „Am Nachmittag des 17. April 1917 rotteten sich viele Leute zusammen, hauptsächlich aus Posern, Weissenbach, Steinach und Ramsau und begaben sich zur Gemeinde. Von dort zum Arbeiter-Konsum-Verein, in Begleitung von Gendarmerie und Polizei", berichtete der Dorfchronist, man durchsuchte die Kunstmühle nach Mehl und die Lager nach Essbarem. Die Proteste verstärkten sich nun und die Bereitschaft, mit Kriegsanleihen und Sammlungen zur Weiterführung des Krieges beizutragen, nahm ab. Längst waren Hörnerschlitten, Rodeln und Skier, aber auch Kühe und Hühner, an die Front transportiert, Eheringe, Kerzenleuchter aus Messing, Kupferdächer und Türschnallen, die zinnenen Orgelpfeifen und die Kirchenglocken von den Behörden weggeschafft worden. Zuletzt gab es für alles Bedarfsscheine, doch zu kaufen gab es nichts, weder Schuhe noch Kleidung oder Werkzeug. Raucher behalfen sich mit aromatischen Laubsorten von Nussbäumen, Brombeersträuchern und Rosen, nach dem Kirchgang duftete es im Ort. Aus Mangel an Leder trug man Holzbodenschuhe, „auf der Straße und anderen Wegen gab es ein Geklapper, wenn Leute mit solchen Schuhen daher gingen, ... im Winter war das zum Fußbrechen, denn der Schnee ballte sich stark an und brachte die Schuhe stets zum Umkippen", erinnert man sich. Der Krieg veränderte auch die in Steeg am Hallstättersee angesiedelten Betriebe, die zur kriegswichtigen

Industriezone wurden. Die Arbeiter in der Kupferelektrolyse der Firma Lenz und dem von der Firma Stern & Hafferl errichteten Aluminiumwerk waren vom Landsturmdienst befreit. Beim Bau des Werks und zu Schlägerungen im Wald wurden kriegsgefangene Russen und Italiener eingesetzt, während Goiserer östlich des Urals in russischer Gefangenschaft Zwangsarbeit verrichteten, schwerste Arbeit beim Bau der Murmanbahn, die von St. Petersburg über Murmansk bis Seweromorsk führte, und die Armee des Zarenreichs mit Waffen ihrer westlichen Alliierten, Großbritannien und Frankreich, versorgte. Die Post dorthin war monatelang unterwegs, langten Briefe ein, wusste man nicht, ob der Schreiber noch am Leben war. Jeder Brief und jede Karte wurde von der österreichischen und der russischen Militärbehörde durchgesehen, es durfte kein Wort über die Hungersnot im Ort und das Sterben der Zwangsarbeiter in den Lagern geschrieben werden. In Goisern wurden zahlreiche Verwundete und Kriegsversehrte in Pflegestätten und Lazaretten untergebracht, auch Einheimische, für die der Krieg nun vorbei war. Der Bergarbeiter Josef Stadler, Unterjoch 1, kam als Austauschgefangener zurück, in Kiew verwundet, hatte er einen Daumen und das linke Bein verloren, amputiert von einem österreichischen Arzt in russischer Gefangenschaft. Um die Familien der Invaliden, der Arbeitsunfähigen, aber auch der durch das Kriegsgeschehen psychisch Erkrankten zu unterstützen, wurden Theaterstücke im ausverkauften Konsumverein-Gasthaus aufgeführt, die Männerrollen von Frauen gespielt. Bei den Benefiz-Veranstaltungen mit Stücken von Ludwig Anzengruber trat das Kriegsgeschehen für einige Stunden in den Hintergrund. Anzengruber, der Theatermacher der österreichischen Provinz, ein poetischer Realist in der Darstellung sozialer Missstände, war als prononcierter Kritiker der katholischen Kirche in Goisern besonders beliebt. „Auweh, fängt scho' wieder so ein greisliger Tag an", so beginnt ein in jenen Kriegstagen aufgeführtes Stück, *Der Gwissenswurm* ist eine Geschichte von unten, darüber, wie Menschen um ihr Leben betrogen werden.

Der Ortschronist Franz Laimer

Die Beschäftigung mit Vergangenheit kann zur Passion werden. Einer, der sich mit dem Zeitgeschehen im Ort beschäftigte, war Franz Laimer. 1893 als fünfzehnjähriger *Zögling* in den Dienst des Gemeindeamts aufgenommen, war er als Bediensteter, später als Gemeindesekretär und Amtsleiter tätig, eine Lebensstelle, die ihn mit den internen Angelegenheiten des Orts in Berührung brachte. Er wusste Bescheid über die Verwaltung, die politischen und sozialen Verhältnisse, die Anliegen der Bevölkerung und die alltäglichen Geschehnisse, kannte das Gemeindearchiv und die Personen, über die er schrieb. Als Kind nahm er am Begräbnis von Konrad Deubler teil, dessen Intellektualität und Wissbegierde ihn zeitlebens faszinierten. Der Heranwachsende besuchte die Bibliothek des Arbeiter-Bildungsvereins, las über Länder, Meere und Gebirge, und zeichnete einen Globus, um sich die Welt vorstellen zu können. Seine eigene Zeitzeugenschaft, von der Jahrhundertwende bis zum Staatsvertrag, brachte den geschichtsinteressierten Autodidakten dazu, mehrere Bände einer persönlichen Betrachtung der *Ortsgeschichte* zu veröffentlichen. „Schon seit Jahren hat mich der Gedanke bewegt, dass es für mich eine Art Pflicht und Schuldigkeit sei, all das, was ich im Zusammenhange mit dem öffentlichen Leben erfuhr und durchlebte, schriftlich niederzulegen, damit einmal die nach uns Kommenden einen unmittelbaren Einblick in die Zeitläufte gewinnen können, die ich und meine Generation erlebt haben. Ich dürfe, so ist mir schon immer gewesen, all diese Erlebnisse, Beobachtungen und Erfahrungen, meine eigene Anschauung hierüber, nicht mit mir ins Grab nehmen", so Laimer, der vieles frei aus dem Gedächtnis schrieb. Nachdem er 1938 in Pension gegangen war, widmete er sich ganz der Geschichtsforschung. „Er saß in der Kuchl und schrieb die ganze Zeit", erinnert sich seine Familie heute. Die vier Bände der Ortsgeschichte, die aus Vorsicht vor Repression nicht vor 1945 erscheinen konnten, gab Laimer einige Jahre später ein zweites Mal überarbeitet heraus, er fügte Gedanken hinzu, um als reflektierender Beobachter manchen Irrtümern der Zeit entgegenzutreten. Laimer war ein Menschenkenner, auch ein passionierter Laienschauspieler, und die von ihm gegründete Anzengruber-Theatergesellschaft, eine von vielen selbstorganisierten Initiativen in Goisern, sammelte Spenden für in Not geratene Familien, für die Verschönerung des Orts oder die Errichtung des Schwimmbads an der Traun. In seinen letzten Lebensjahren verfasste er ein Verzeichnis der Flurnamen und eine Häuserchronik, nahm Einblick in die Josephinischen Lagebücher und die Grundbücher der Herrschaft Wildenstein und Traunkirchen, in Pfarrchroniken, Briefe und Tagebücher, erstellte Listen der Gemeindevertreter, der Auswanderer und der in den Weltkriegen Gefallenen. Auch die Erinnerung an die Lieder des *Wöfö,* die er selbst so gern sang, die Suche nach dem Ursprünglichen, dem Goiserer Urton, und das Wissen über die Umstände der Zeit weit über Traditionspflege hinaus waren sein Anliegen. In den Schriften fand sich jede Goiserer Familie wieder, erfuhr durch die Hauschronik oder die detaillierten Schilderungen des Dorflebens über Verwandtschaften oder wer *zuagroast* war. Den bislang bekannten Familiengeschichten konnte Erstaunliches hinzugefügt werden, Lokalkolorit, Sitten und Gebräuche. Der Dorfchronist schrieb behutsam, um seine Leserschaft zu erreichen. Die von Herrschaft, Arbeitslosigkeit, Armut und Kriegen betroffene Gesellschaft sollte verstehen, was ihr über Jahrhunderte geschehen war. Durch die Veranschaulichung der Schicksale der Menschen in der Region, den genauen Blick, wandte er sich gegen Ewiggestriges, gegen die Mythen über bessere Zeiten. Auf diese Weise erzählte Geschichte von unten ist ein intimes Porträt eines Dorfs im

Oben: Goisern nach der Jahrhundertwende, damalige Grazer Straße, Postkarte

Unten: Lücken im Gemeindearchiv Bad Goisern

Oben: Der Ortschronist und Gemeindesekretär Franz Laimer in der Bücherei des Arbeiter-Bildungsvereins

Unten links: Der Bauernphilosoph Konrad Deubler, 1814–1884

Unten rechts: Das heute baufällige Haus von Konrad Deubler, die ehemalige „Wartburg", Sommer 2023

Oben: Brotausgabe 1916 vor der Bäckerei meines Urgroßvaters Michael Wisinger

Unten: Das Kriegerdenkmal in Goisern, rechts Kaufhaus Forstner, im Hintergrund Wohnhaus Wisinger

Oben: Naturkatastrophe 1920, Hochwasser an der Traun

Unten links: Franz Laimer, Dorfchronist und Gemeindesekretär mit seinem Enkel Christian

Unten rechts: Der legendäre sozialdemokratische Bürgermeister Ignaz Peer 1874–1954

Gebirge mit einer besonderen Geschichte und doch exemplarisch zu verstehen. Vieles von dem, was Franz Laimer begründete, hat noch heute Bestand. Der Heimatverein, die Heimatbühne und das Heimatmuseum, er hinterließ Zeichnungen, Dokumente, Fotos und unzählige Notizen. „Wenn ich ein Wort seh‘, dann weiß ich, das hat mein Großvater geschrieben“, sagt Christian Laimer, der sich des Erbes seines Großvaters annahm und es weiter herausgibt, „die Häuserchronik geht weg wie die warmen Semmeln“, erzählt ein anderer Enkel, Leopold Rainer, der langjährige Leiter der Gemeindebücherei. Den Großvater würde es freuen.

Kriegsende und Alltagsleben

Im letzten Kriegsjahr wurde die Reglementierung des Alltagslebens durch die Behörden immer öfter umgangen, Hamsterfahrten wurden durchgeführt, viele nahmen sich, wovon sie glaubten, dass es ihnen zustünde. Jeder versuchte, zu etwas Essbarem zu kommen, sogar die zur Versorgung der Familien angelegten Schrebergärten mussten gegen Diebstähle bewacht und in der Nacht beleuchtet werden. In Goisern erinnert man sich bis heute an ein Wildererdrama, welches sich im September 1918 im Ramsaugebirge abspielte. Nachdem zwei Jäger und ein Wilderer aneinandergerieten, „er rief dem Jäger zu, er müsse mit dem geringen Mehl- und Brotquantum auskommen und es bliebe ihm nichts übrig, als sich Wildbret zu holen, die Jäger hätten ihre Zubußen, er nicht“, fielen mehrere Schüsse, berichtete der Ortschronist Franz Laimer. Der Jäger Johann Neubacher stürzte tödlich getroffen über eine Felswand in einen Graben. Der andere Jäger, Josef Greunz, bekam eine Ladung Schrot in die Brust, schleppte sich nach Hause, seine Verletzungen waren schwer und er sollte nicht mehr lange leben. Trotz eines dringenden Verdachts kam es zu keiner strafrechtlichen Verfolgung des Wilderers, der Gendarmerie blieb rätselhaft, wie die Flucht mitten durch den Ort gelingen konnte. Niemand hatte den Behörden etwas zugetragen. Die Kriegsgesellschaft sah bereits ihrer Befreiung entgegen, deren Vorzeichen ziviler Ungehorsam auf vielen Ebenen war. Zudem fehlte das Brauchtum, das ja im Krieg wenig Bedeutung hatte, wodurch die soziale Kontrolle über den Zeitvertreib wegfiel. Immer öfter hörte man von der Abhaltung geheimer Tanzveranstaltungen, nächtlichen Winkeltänzen in Gaststätten, in denen auch Soldaten verkehrten und bis in den Morgen Zither und Zugharmonika gespielt wurden. „Das Äußerste des Niedergangs (...), weil da ganz blutjunge Leute mit 14, 15 und 16 Jahren, also noch fast Kinder, teilnahmen, die dann noch nachts auf den Straßen und Gassen herumschwärmten und lärmten“, klagte der Ortschronist, es fehle die Aufsicht der Väter, würden die Burschen am wöchentlichen *Stahelschießen* teilnehmen, wäre das Tanzen nicht so in Mode gekommen. Als die letzten Friedensbemühungen scheiterten, die Kapitulation absehbar war, desertierten viele Soldaten, ehe sie in Gefangenschaft geraten oder in die letzten Schlachten zu Kriegsende geschickt werden konnten. Im Gemeindearchiv finden sich Meldungen über letzte Gefallene, etwa über „Johann Georg Gschwandter, Kaiserschützenregiment Nr. 1, soldatisch, bronzene Tapferkeitsmedaille, musterhaftes Benehmen, schneidiger Vaterlandsverteidiger, wurde am Monte Fontana Secca begraben. Brieftasche, Privatkorrespondenzen und Notizbücher kamen seiner Familie zu". Im Herbst 1918 zählte man die Toten und hoffte auf die Rückkehr der im Kampf Vermissten. 127 Goiserer waren gefallen, von 26 Männern fand sich keine Spur mehr. Über die Inschrift am Kriegerdenkmal, das bereits 1923 errichtet wurde, gab es zwischen den Christlichsozialen und den Sozialdemokraten heftigen Streit, der auf Vorschlag des damaligen Gemeindesekretärs, Franz Laimer, mit einem Schiller-Zitat gelöst wurde. „Ein furchtbar wütend Schrecknis ist der Krieg, die Herde schlägt er und den Hirten." Die Antwort in der berühmten Szene des Theaterstücks *Wilhelm Tell* ließ man besser aus: „Ertragen muss man, was der Himmel sendet."

Über die Kriegsverbrechen der k. u. k. Armee

„Der Schrecken von damals hat mich nicht mehr losgelassen", schrieb der Bergarbeiter und Salinenbedienstete Mathias Roth aus Hallstatt in seinen Kriegstagebüchern. Worüber Roth berichtete, den Militäralltag an der Front, das Sterben auf dem ostgalizischen Kriegsschauplatz und die hohen Verluste der habsburgischen Armee, gibt eine Vorstellung, was die nach Goisern heimkehrenden Soldaten an der Front erleben mussten. In den Erzählungen der Menschen über Familiengeschichte nimmt die Kriegszeit keinen Raum ein, da und dort ein Halbsatz, dass der Urgroßvater eingerückt gewesen sei. Erinnert werden eher die Hungersnot während des Krieges und die Krise der Zwischenkriegsjahre. Der Veteranenverband hat die alten Wimpel aufbewahrt, im Heimatmuseum ist eine Bildcollage mit allen Gefallenen ausgestellt. Der Goiserer Schriftsteller Franz Kain wählte die Aufzeichnungen des Mathias Roth für seinen Roman *In Grodek kam der Abendstern.* Für Kain war nicht nur der Augenzeugenbericht eines Mannes aus dem Salzkammergut von Interesse, sondern auch dessen unmittelbare Anwesenheit in den letzten Lebenstagen des Lyrikers Georg Trakl, dessen Offiziersdiener er war. In *Grodek*, so der Titel des letzten Gedichts Trakls, fand im September 1914 eine Schlacht mit vielen Schwerstverwundeten statt. Der als Militärapotheker eingerückte Trakl, er hatte sich kurz zuvor wie viele andere Schriftsteller freiwillig gemeldet, musste dem hundertfachen Sterben zusehen. In den „Todesgruben von Galizien" gab es keine Medikamente und keine Hilfe. Vor der Scheune des Lazaretts waren Ruthenen auf Bäume aufgehängt worden, die Rache für die verlorene Schlacht. Der Beginn von Trakls letztem Gedicht lautet „Am Abend tönen die herbstlichen Wälder / Von tödlichen Waffen, die goldnen Ebenen / Und blauen Seen, darüber die Sonne / Düster hinrollt; umfängt die Nacht / Sterbende Krieger, die wilde Klage / Ihrer zerbrochenen Münder", ihm erschien der Gegensatz von der Schönheit der Natur und der Brutalität des Kriegs unerträglich. Der darauffolgende Nervenzusammenbruch, ein Selbstmordversuch und ein Herzstillstand durch eine Überdosis Morphium waren die Folge. In Kains 1994 erschienenem Roman werden auch jene Passagen aus den Kriegstagebüchern des einzigen Vertrauten Trakls zitiert, die über die Kriegsverbrechen der k.u.k. Armee berichteten: „Erst nach und nach erfuhr man, wieviele Todesurteile von fliegenden Militärgerichten verhängt und von Soldaten vollstreckt wurden. Allein in Galizien sind es rund 40.000 Füsilierte gewesen. Wir lebten unter den Erhängten wie unter einem ständigen Alptraum. (...) Ganz offenkundig wurde hier in Tausenden Fällen kurzer Prozess gemacht und die eigenen Soldaten wurden zu Henkern degradiert. (...) Wie riesige Fledermäuse hingen die Füsilierten an den Ästen, oft mit heraushängender Zunge und offenen Augen. (...) Wenn von Lemberg, Grodek, Rawa Ruska und von Przemysl die Rede ist, dann kommt zu den Leichenbergen der Gefallenen immer auch noch die nicht abreißende Reihe der Erhängten dazu, die sich durch ganz Galizien zieht."

Nostalgie und Kaisergedenken

Nach dem Ende der Monarchie wurden deren Relikte, Büsten, Embleme und Doppeladler in Depots gebracht oder mit Tüchern verhängt. Die Sozialdemokraten traten dafür ein, alle Symbole Habsburgs zu entfernen, die nach Sophie, Valerie, Gisela oder dem Kaiser benannten Straßen und Brücken umzubenennen, und die Ischler Kaiservilla in Staatsbesitz zu überführen. Der öffentliche Raum der Republik sollte von allem, was an die Herrschaft der Habsburger erinnerte, befreit werden. Bereits Ende der 1920er Jahre setzte ein Wandel der Haltung zur Monarchie ein, erste Schützenaufmärsche fanden wieder statt, Gedenktage wurden abgehalten, und in der Diktatur ab 1934 bediente man sich des Kaisergedenkens gegen die demokratischen Kräfte der Republik, bis sich der Nationalsozialismus der Geschichte bemächtigte. Heute werden in Bad Ischl Franz Joseph und seine Entourage wieder gefeiert. Um des Kaisers Geburtstag herum mache man das beste Geschäft des Jahres, sagt der Tourismusdirektor, und die sozialdemokratische Bürgermeisterin zeigt sich gern auf dem Kutschbock mit dem Kaiser, dessen Double den angereisten Monarchisten und Schaulustigen zuwinkt. Die Gräueltaten und Kriegsverbrechen der k.u.k. Armee, die ethnischen Säuberungen und Exekutionen der Zivilbevölkerung im *Feindesland* und auch das militärische und politische Versagen werden in Bad Ischl bei der Vermarktung der Monarchie trotz des Einspruchs von Historikern nach wie vor ausgeblendet. Darüber hinaus makuliert die Inszenierung die eigentliche Geschichte des Salzkammerguts, beschränkt die Sicht auf die Lebenswelt des damaligen Establishments auf Sommerfrische. Ohne jegliche historische Kontextualisierung marschieren der Nostalgieverein Kaiserstadt Bad Ischl, die k.u.k. Leibgarde Infanteriekompanie Bad Ischl, Traditionsvereine, Pionierbataillone, Deutschmeister, Blaskapellen und die Jägerschaft auf der Esplanade, es darf Salut geschossen werden. Verkleidete Statisten mit Kaiser-Franz-Joseph-Bärten und angeschnallten Säbeln sitzen beim Zauner, manch einer salutiert, die Damen tragen große Hüte und schauen bedeutsam. Der Geschichtsklitterung wird die Europäische Kulturhauptstadt 2024 durch den künstlerischen Blick von außen entgegentreten, ein Unterfangen auf Zeit, ein Versuch. In den Orten des Inneren Salzkammerguts kann man dem Kaiserhype wenig abgewinnen, Goisern hat zwar eine Sophienbrücke, eine Gisela-Warte und ein Sisi-Salettl am Hütteneck, und das schon lange. Salut wird nur den Toten des Kriegs geschossen.

Bild folgende Seite: Mein Großvater Leopold Wisinger, 1921

1918–1933

Anfangs gingen meine Urgroßeltern jeden Abend zum Bahnhof, um auf den Achtuhrzug und ihren Sohn zu warten. Da standen bereits viele Leute, auch Schaulustige, es war ein Gedränge am Perron, obwohl die Abende bereits kühl waren. Wenn das Glöckchen am Bahnübergang traunabwärts ertönte, blickten alle in eine Richtung. Der Zug blieb stehen, die Türen wurden aufgestoßen. Der Bahnhofsvorstand salutierte. Sobald ein Heimkehrer zu sehen war, rief die Menge seinen Namen aus, half ihm vom Trittbrett und klopfte ihm auf die Schulter. Männer küssten Männer, die Frauen hielten sich an den Händen. Es gab Blumen, auch Schnaps. Die Invaliden wurden auf Bahren aus dem Zug gehievt, wer konnte, versuchte, bei der Begrüßung auf eigenen Beinen zu stehen, um seine Familie umarmen zu können. Die Kinder waren still, hielten sich im Hintergrund, die Kleinen weinten, da sie es nicht verstanden. Auch mein vierundzwanzigjähriger Großvater Leopold stieg mit einem Mal aus dem Zug. Leopold ging mit den Eltern zum Haus, an dem der wilde Wein kein Laub mehr trug, und obwohl das Brot dieser Tage kein richtiges Brot war, roch es frisch. Was er über den Krieg in den Dolomiten erzählte, sollte sich in der Familiengeschichte verlieren. Nach einigen Wochen stieg niemand mehr aus dem Achtuhrzug, der Bahnhof aber blieb täglicher Treffpunkt, niemand würde ohne Empfang bleiben, Witwen standen dort und gaben die Hoffnung nicht auf. Längst gab es keine Heimkehrerlisten und keine Nachrichten mehr, nur wenige Wunder, so die Ankunft eines Mannes aus Lasern, der bereits zu Beginn des Krieges nach Sibirien verschleppt worden war und von dem man seither nichts mehr gehört hatte. Im Dezember 1918 fand eine Heimkehrerfeier statt, bei der den Soldaten gedankt und viel über die neue Zeit geredet wurde. Ein Invalide versprach im Namen aller, „treu zur Republik zu stehen", die Bürgermusikkapelle, der Männer-Gesangverein und der Arbeiter-Sängerbund traten auf. Einige Häuser waren mit schwarz-rot-goldenen Fahnen geschmückt, und fast niemand konnte sich das kleine Österreich als eigenständigen Staat vorstellen. Als der Friedensvertrag von St. Germain den Anschluss an Deutschland verbot, wurde der Traum von einstiger Größe und Macht nicht aufgegeben, zunächst aber gab man sich geschlagen.

Armut in der Nachkriegszeit

Die Kinder durften nicht zu viel von der gezuckerten Kondensmilch, dem Brot und der Bohnensuppe zu sich nehmen, da sie wenig vertrugen und erst an Nahrung gewöhnt werden mussten. Endlich waren die vom Wiener Kinderarzt Professor Clemens von Pirquet organisierten amerikanischen Hilfslieferungen im Notstandsgebiet Salzkammergut angekommen, doch Getreide, Milch, Kartoffeln und Fleisch blieben nach wie vor Mangelware und der Schleichhandel blühte. Konflikte zwischen Bauern und der hungernden Bevölkerung waren die Folge, es kam zu Diebstählen auf den

Feldern, Plünderungen in Lagern und Aufmärschen der Arbeiterschaft. Private Sommergäste waren unerwünscht, jeder Verbleib in der Region musste durch eine Aufenthaltsbewilligung gestattet werden. Viele Fremde hielten sich nicht daran und quartierten sich dennoch ein, ein Streitpunkt zwischen denen, die durch die Vermietung ein wenig dazuverdienen konnten, und anderen, die ärmlich wohnten und nicht vermieten konnten. Allmählich fanden die Heimkehrer wieder Beschäftigung bei der Saline, im Forst, bei den Aluminiumwerken in Steeg und im Kreidewerk Ramsauer, nun konnten viele heiraten und Kinder kamen zur Welt. Einige fanden nach den Jahren an der Front nicht ins Leben zurück, sie gingen rastlos umher, wurden in den berüchtigten Gasthäusern in Lauffen gesehen, schliefen besinnungslos auf fremden Hausbänken. Einer der Männer blieb tagelang verschwunden, er hatte sich mitten im Winter im Wald versteckt, da er glaubte, es wäre noch Krieg und er müsste in Deckung gehen. Er kaute trockenes Laub und blieb regungslos sitzen, damit ihn der Feind nicht entdecken konnte. Als man ihn fand, waren ihm die Zehen abgefroren. Bald darauf verstarb er und wurde still beerdigt, noch gab es keine Kirchenglocken im Ort. Nach langen Regenfällen kam nun das Hochwasser, alle Brücken und die Traunpolster im Fluss wurden weggerissen, Bloche stürzten ungebremst vom Berg und zerstörten das Flussbett. Auf den Wiesen verendeten die Fische, und die Ortschaften an der *Schattseitn* konnten nicht mehr erreicht werden. Der

Schaden war enorm, Straßen und Schienen waren unterspült. Wenige Tage darauf sank der Almboden am Sandling etwas ein, und die Sennerinnen brachten sich selbst und das Vieh in Sicherheit. Dann begannen die Bäume zu erzittern, stürzten mit lautem Ächzen zu Boden, der Berg brach und fuhr zu Tal, wurde zu Geröll und Schutt, aus dem die Dächer der Almhütten ragten, die Tiere erschlug es. Die Kinder dachten an die Sage, die man ihnen oft erzählt hatte, „... ein Lindwurm überschwemmte mit viel Wasser das Land, der König, die Königin, die Tochter und alle guten Menschen sind ertrunken und versunken", denn in früherer Zeit hauste ein Lindwurm auf der Morgenseite des Hallstättersees, im Inneren des Berges. Wie eine alte Chronik berichtete, brach das Ungetüm aus Wut über die Menschen aus dem Berg, und eine Lawine aus Wasser und Steinen begrub die Burg des Königs von Goisern und seine prächtige Stadt. Den im Katastrophenjahr 1920 heranwachsenden Kindern des Orts sagte man, sie sollten friedliebend sein, damit der schwarze Drache den Ort künftig verschonte. Dem Unglück folgte der schönste Herbst.

Eine sozialistische Dorfgeschichte

„Seit dem Anschluss der Goiserer Arbeiter an die große Armee des Sozialismus im Jahre 1896 sind nun dreißig Jahre vergangen", schrieb Ignaz Peer in der 1926 erschienenen Broschüre *Eine sozialistische Dorfgeschichte*. Der ehemalige Forstarbeiter erinnert darin als Zeitzeuge an die Geschichte der Arbeiterbewegung im Ort und schildert die Anfänge der Bewegung, frühe Organisationsformen des Widerstands gegen die Zwangskatholisierung und die wirtschaftliche Notlage der Arbeiterschaft, weiters die ab Mitte des 19. Jahrhunderts auftretenden liberalen Kräfte, die den Arbeiter-Bildungsverein und den Arbeiter-Konsumverein gründeten, bis zur *sozialistischen Idee,* in Goisern ab 1896 durch die Gründung des Arbeiter-Bildungs- und Rechtschutzvereins erstmals institutionalisiert. Das Vereinslokal sollte im Gasthof des Arbeiter-Konsumvereins einziehen, doch dessen liberale Leitung sprach sich dagegen aus, man „könnte von den politischen Behörden schikaniert werden, wenn [man] so staatsgefährliche Leute, als welche die Sozialdemokraten verschrien waren, beherbergen würde", erzählt Peer, doch der neue Verein setzte sich durch. Kurz darauf erschien der Kommandant der Gendarmerie und ordnete die Durchsuchung der Bibliothek des Arbeiter-Bildungsvereins an, er vermutete staatsgefährdende Literatur, fand keine Beweise und verabschiedete sich mit dem Hinweis auf die Ungehaltenheit höchster Stellen darüber, dass die meisten Mitglieder des neuen Vereins *Staatsarbeiter* seien. Diese wurden in Folge verhört, mit Entlassung bedroht und es wurden ihnen Lohnvorrückungen vorenthalten, doch der Zulauf zu den *Roten* war unaufhaltsam. Erste Wahlerfolge bei den Gemeindewahlen und die darauffolgende Aufnahme von Sozialdemokraten in die

Ausschüsse der Arbeitervereine führten zur ersten *roten Leitung* im Arbeiter-Bildungsverein. Die Arbeiter-Musikkapelle, die *Bergermusik* und der sozialdemokratische Sänger-Bund traten bei Feiern und Versammlungen auf, die Bewegung wurde laut und sichtbar, man bekannte sich nun offen dazu. Der Arbeiter-Bildungs- und Rechtschutzverein wurde zur sozialdemokratischen Ortsgruppe, erstmals waren Frauen in der Partei vertreten. „Als der verfluchte Weltkrieg losging, wurde die Partei freilich auch in Goisern fast lahmgelegt", berichtet Ignaz Peer. Bei den ersten freien Gemeindewahlen nach dem Krieg setzte sich die durch das alte Wahlrecht verhinderte Mehrheit durch, 1919 wurden 18 Sozialdemokraten, 7 Christlichsoziale und 5 Deutschfreiheitliche in die Gemeindevertretung gewählt, Ignaz Peer wurde erster sozialdemokratischer Bürgermeister. Im Goiserer Gemeindearchiv findet sich ein bemerkenswertes Dokument, die Erklärung der anderen Parteien aus dieser Zeit, „daß wir mit dieser Veränderung vollkommen einverstanden sind und uns auch schon vor dem Kriege für eine Erweiterung und Demokratisierung unserer Gemeindevertretung ausgesprochen haben". Während die Christlichsozialen in Gmunden und Traunkirchen in den folgenden Jahren Zweckbündnisse mit den Deutschnationalen eingingen, um die Mehrheit für die Sozialdemokraten zu verhindern, blieb es in Goisern, Ebensee und Hallstatt bei den eindeutigen Wahlergebnissen. Bürgermeister Peer war ein pragmatischer Organisator auf lokaler Ebene, der als überzeugter Sozialdemokrat agierte, dabei die Interessen der Arbeiterschaft vertrat und auf Kooperation setzte. In seiner 1926 erschienenen Schrift rief er die Errungenschaften der Sozialdemokratie, den Achtstundentag, den bezahlten Urlaub, die Altersversorgung, den Schutz des Ersparten in Spar- und Kreditvereinen, die Einrichtung von Betriebsräten und die Gründung der Arbeiterkammern eindringlich in Erinnerung, als ahnte er die politische Entwicklung der kommenden Jahre. Er wandte sich an die sozialistische Arbeiterjugend, sie solle nicht vergessen, „wie mühevoll ihre Vorgänger das Werk gegen Ausbeutung und Unterdrückung“ aufgebaut hatten, und bat sie, sich nicht dem Gerede an den Stammtischen anzuschließen. Dort liefen die Köpfe in großdeutschen, völkischen und konservativ-katholischen Glaubensfragen heiß, wurde der Demokratie das Vertrauen abgesprochen, und antisemitische Hetze gegen Sommergäste wurde laut. Ignaz Peer führte seine Amtsgeschäfte bis 1934, nach dem Bürgerkrieg im Februar wurde die Gemeindevertretung aufgelöst und der gewählte Bürgermeister seines Amtes enthoben. Heute fast vergessen, kein Platz wurde nach ihm benannt, bekam er von seinem Gemeindesekretär, dem Dorfchronisten Laimer, ein besonderes Denkmal gesetzt: „In verschiedenen Lebensregeln gesund konservativ, war er so, wie es heute noch viele Goiserer geblieben sind“, ein Goiserer Rebell eben.

Wirtschaftskrise und Alltagsleben

Das im Saal der Gaststätte Petter errichtete Kino war vom ersten Tag an gut besucht, die Lichtspiele wurden zum beliebtesten Freizeitvergnügen, es war modern, die Streifen mehrmals anzusehen, manche Jugendliche besuchten alle Vorstellungen. Die schönen *Aufnahmen* waren Tagesgespräch, die weiblichen Filmstars Idole, von denen die Burschen schwärmten und sich die Mädchen die Frisuren abschauten. Es durfte applaudiert werden, manchmal kommentierte das Publikum das Geschehen, manchmal mussten alle weinen. Der starke Eindruck, den das Kino auf die Bewohner des Orts machte, die Schaulust, weckte bei einigen die Befürchtung, dass es dadurch zu einer Verstädterung kommen und sich die Jugend von den Bräuchen abwenden würde. Man warnte vor gesellschaftlichen Entwicklungen wie im alten Rom und Byzanz, und für Schüler, die sich ins Kino schmuggelten, gab es strengen Karzer, auch alleinstehende Frauen wurden nicht gern gesehen. Die Nachkriegsgesellschaft suchte Ablenkung von der wirtschaftlichen Situation, dem Überlebenskampf durch die sprunghafte Inflation und die steigende Arbeitslosigkeit. In den Betrieben wurden keine jungen Arbeiter mehr aufgenommen, ältere frühzeitig in Pension geschickt, die Belegschaft des Aluminiumwerks aufgrund mangelnder Absatzmärkte reduziert, die Arbeiter in den Salinen und im Forst abgebaut. In den Privathaushalten und Handwerksbetrieben gab es kaum Zuarbeiten, Handreichungen wie Wäschewaschen, die vor allem von Frauen geleistet wurden, nahmen ab, die Ersparnisse verloren täglich an Wert. Die politischen Parteien versprachen ihren Anhängern Abhilfe, doch daran, dass wenige Wohlhabende sich alles leisteten und die Demokratie offensichtlich keine wesentlichen Verbesserungen für die Bevölkerung brachte, konnten sie wenig ändern. Aufgrund der steigenden Preise und niedrigen Löhne kam es im Salzkammergut zu einem mehrtägigen Streik der Forstarbeiter, im Februar 1919 war ein günstiger Zeitpunkt aufgrund der Schneeverhältnisse, da das im Sommer geschlägerte Holz dringend zu Tal gebracht werden musste. Kein Arbeiter ließ sich im Wald blicken, die Holzlagerplätze wurden bewacht, und als die Verhandlungen stockten, schlossen sich die Salinenarbeiter dem Streik an, weitere Branchen sollten folgen. In den turbulenten Versammlungen, die Verhandler der Arbeitgeberseite taktierten und redeten sich auf die fehlende Ermächtigung aus Wien aus, kam es zu Handgreiflichkeiten. Da man eine Ausweitung der Proteste befürchtete, ging die Beamtenschaft des Finanzministeriums auf die Forderungen ein und der Streik konnte beendet, die Arbeiten wieder aufgenommen und das Sommerholz rechtzeitig ins Tal gebracht werden. Die Arbeiter erhielten die geforderten Teuerungszulagen und eine Lohnauszahlung für die Streiktage, dazu gutes Schuhwerk für gefährliches Gelände, ein Paar Goiserer.

Widerstand gegen das Aluminiumwerk

Zwei Jahre später konnte auch ein anderer Konflikt zugunsten der Bewohner des Orts entschieden werden. Am Nordufer des Hallstätter Sees hatte die Aktiengesellschaft Stern & Hafferl bereits 1910 ein Elektrizitätswerk gebaut und während des Kriegs eine Aluminium-, Tonerde- und Elektrodenfabrik errichtet. Nun plante die Linzer Permanganatfabrik Gmbh eine Anlage für Chlorgas, eine Alkali-Elektrolyse, gespeist mit Strom von Stern & Hafferl und Natrium aus der Soleleitung, das Aluminiumwerk im Industriegelände sollte mit Ätznatron beliefert werden. Zunächst befürwortete die Steeger Arbeiterschaft den Bau der Fabrik, auch aufgrund der versprochenen Wohnungen, doch nach ersten Protesten im Ort schickte der Goiserer Gemeindeausschuss eine Delegation in eine Chlorfabrik im Bezirk St. Veit an der Glan, um sich ein Bild von den Auswirkungen der chemischen Fabrikation zu machen. Der Bericht war besorgniserregend. Die St. Veiter Anrainer beklagten Chlorgeruch, dürre Bäume, schadhaftes Obst und eine starke Staubentwicklung, die Arbeiter erkrankten nach wenigen Tagen und verloren ihre Arbeit. Nun wandte sich die gesamte Ortsgemeinschaft in Goisern – die Gemeindevertretung mit Bürgermeister Peer, die Landwirte, Gewerbetreibenden, die Arbeiterschaft und Vereine – gegen die Betreiber des Projekts, das Land Oberösterreich, die Stadt Linz, die Oberösterreichische Bank und die an der Planung beteiligten Firmen. Plakate, Rundschreiben und Zeitungsartikel forderten die Bevölkerung auf, sich einer Protestversammlung anzuschließen, ganz Goisern sollte die Kommission, welche die Investoren beriet, und den Bezirkshauptmann am Bahnhof Steeg empfangen. Über tausend Demonstranten erschienen, überreichten eine Protestnote, Tafeln wurden hochgehalten, „Nieder mit der Gifthütte", „Wir schützen uns vor Sodom und Gomorrha". Und während die Sachverständigen der Kommission und die Direktoren der Linzer Permanganatfabrik bei der Besichtigung des Baugeländes zur Aufgabe des Plans gezwungen wurden, hielt man den Bezirkshauptmann am Bahnhof fest. Wie die Zeitungen berichteten, wurde die Kommission bedroht, in jedem Fall aber vor keine Wahl gestellt. Vor der Abfahrt Richtung Linz musste der Bezirkshauptmann unter den lauten Rufen der Menschenmenge ein Papier verlesen, der Bau der chemischen Fabrik war somit offiziell abgesagt. Die Demonstranten blieben lange am Bahnsteig stehen, sahen dem Zug nach, Stille trat ein, auch Müdigkeit. Erfolgreich, aber zwiespältig, da künftig Arbeitsplätze fehlten, und andererseits alle einer Meinung waren, dass der Schutz der Natur und die Erhaltung der Gesundheit der Bewohner des Orts über allen wirtschaftlichen Überlegungen stehen sollten.

Der Goiserer Beinrichter Gottlieb Oberhauser

Dass jemand, ein *Zuagroaster* von anderswo, in den Ort gezogen ist, wird zwar bei jeder Gelegenheit als Namensattribut erwähnt, hat aber keine ernsten Folgen, sofern eine gewisse Anpassung an die Ortsgepflogenheiten erfolgt ist. Diese betrifft Sprache, Kleidung, Mitgliedschaft in Vereinen und sportliche Betätigungen oder man macht sich auf besondere Weise nützlich. Die Begabung des Gottlieb Oberhauser blieb den Goiserern in bester Erinnerung, das Heimatmuseum würdigt ihn mit einer Ausstellung, der *Boanlrichter* ist bis heute ein Begriff. Der *Oberhauser-Geist* kann in der Edelweiß-Apotheke erstanden werden. Das Rezept, je 100 ml spiritus aromaticus, aethereus, vini gallici diloitus und vinum rubrum 500 ml, früher mit billigem Rotwein aufgegossen, hilft gegen Schmerzen aller Art. Der 1847 in Kitzbühel geborene Oberhauser wurde als Kleinkind in das Salzkammergut gebracht und zeigte als Halterbub ein besonderes Geschick im Umgang mit verletzten Tieren, deren Knochenbrüche er mit Stricken, Hölzern und Moospolstern geraderichtete. Er behandelte auch ausgerenkte Gliedmaßen und Quetschungen der Holzknechte, den Männern drohte sonst lebenslange Arbeitsunfähigkeit, ihren Familien die Verelendung. Der katholische Tiroler wurde nach seiner Heirat Bauer in Goisern, man sprach darüber, dass er bei der Stallarbeit feinste Lederhandschuhe trug, um die Sensibilität bei der Untersuchung von Verletzten nicht zu verlieren. Es war seine Leidenschaft, allen zu Hilfe zu kommen, die den Weg zu ihm fanden oder die man ihm verletzt brachte. Auch der Gemeindearzt schickte ihm Patienten, die geduldig vor dem Haus ausharrten, viele reisten von weit her an, denn niemand konnte nach Jagdunfällen oder einem Unglück in den Bergen besser heilen als der Goiserer Beinrichter. Einige Male wegen Kurpfuscherei angezeigt, hatte er Glück, da er zufällig einen verletzten Angehörigen des Hofs behandelte, und daher seinem Ansuchen auf Genehmigung seiner Heilkünste entsprochen wurde, ihm „ausnahmsweise die Bewilligung zur Behandlung von Brüchen, Quetschungen und Verrenkungen ohne Anwendung innerer Medikamente“ erteilt wurde. Oberhauser nannte sich ab nun „kaiserlich privilegierter Beinrichter“ und „konzessionierter Chirurg“, das Geschäft lief an, er inserierte in Tageszeitungen und vermarktete diverse Heilmittel. Das *Oberhauser-Pflaster*, die *Oberhauser-Salbe* und das *Oberhauser-Koch*, ein mit Milch eingedickter Brei aus pulverisiertem Bockshornsamen und Kuhhornsamen. Der Umschlag half gegen Entzündungen, Oberhauser-Patienten erkannte man am strengen Geruch. Um schwierige Brüche präzise behandeln zu können, warf er oft einen Blick auf den *Hansl*, ein menschliches Skelett, dann erst schritt er zur Tat. Beim Einrenken half ihm die kräftige Theresia Oberhauser, die den Patienten festhielt, während der Knochenrichter dies und das fragte, über den Blütenstand und den Almauftrieb, die Kinder hingegen lenkte ein Käfig mit zwitschernden Rotkehlchen ab. Dann wurde mit Pappe geschient, mit Watte gepolstert und mit Leinenfaschen fixiert. Nach der Behandlung gab es Obstler für alle. Wer mittellos war, wurde kostenlos behandelt oder gab Naturalien.

Wohlhabende Patienten zahlten ein stattliches Honorar, und vor der Jahrhundertwende baute sich der „dörfliche Erfolgsmensch“, wie ihn der Heimatforscher Gregor Retsch bezeichnete, ein elegantes Wohnhaus, die *Oberhauser-Villa.* Während des Kriegs wurde der für seine Schlagfertigkeit bekannte Mann still, das Geschehen an der Front verwies ihn auf seinen Platz im Ort, wo er das Schicksal von Menschen in der Hand hatte, den Tod aufhalten konnte. Im Mai 1921 trugen ihn die Goiserer als einen der ihren zu Grabe.

Ein Auswanderer

Das Schiff lag einige Tage im Hafen von Southampton, und der Bäckergehilfe aus Goisern, der sich einer internationalen Operetten-Kompanie als Sänger angeschlossen hatte, schaute aufs offene Meer. „Herrliches Wetter, ruhige See“, schrieb mein Großvater Leopold an seine Eltern, es war Juni 1921, und der Abschied von Europa fiel ihm leicht, „jetzt erst finde ich Gefallen an der Welt, wie sie ist“. Drei Jahre lang sollte die Tournee dauern, einmal um den Erdball führen. Über achtzig Ensemblemitglieder waren an Bord des niederländischen Passagierdampfers Princess Juliana gegangen, im Repertoire Strauß, Lehár und Offenbach. Als Chorsänger des Männer-Gesangsvereins konnte Leopold Noten lesen, intonieren, traute sich zu, auf der Bühne zu stehen, und wusste, dass er die Bäckerei des Vaters nicht übernehmen wollte. Jetzt nicht. Den Krieg überlebt, aus dem Ort herausgekommen, dem Schatten der Kalmberge den Rücken zugekehrt, hoffte er, ein anderer werden zu können, dort, wo man ihn nicht kannte. In Kairo kaufte er sich einen Tropenanzug, in Colombo verliebte er sich in eine niederländische Soubrette, die ihn in Batavia verließ und in Surabaya mit dem Requisiteur und allen Barmitteln der Kompanie von Bord ging. Leopold entschloss sich, die Eltern nicht um Geld für die Heimreise zu bitten, zufällig hatte ihm ein Passagier, der von Java nach Sumatra weiterreiste, ein Wörterbuch Nederlands-Deutsch überlassen. Er verkaufte seine Taschenuhr und einen Stapel Noten und quartierte sich ein. In Surabaya gab es mehr als eine Welt, westlich der Roten Brücke die Kolonialherren, an der Ostseite Malaien, Chinesen und Araber, die den anderen Stadtteil nur während der Arbeitszeiten betreten durften. An den Geschäften und Hotels waren Schilder angebracht, „Für Einheimische und Hunde verboten", erinnerte sich mein Großvater oft. Den Europäern stand die ganze Stadt offen, die Königlich-Niederländische Ostindien-Armee patrouillierte, Söldner bewachten die Plantagen und die Herrenhäuser. Die Holländer liebten weiches Brot und Mehlspeisen, so verkaufte *de Oostenrijker* auf den Märkten frische Krapfen, die er mit Bananen, Vanillecreme oder Apfelmus befüllte. Bestellungen langten ein, Leopolds Boten zogen die Wägelchen mit Backblechen durch die Stadt, nun darauf auch Brioche-Kipferln mit Hagelzucker. Kurze Zeit darauf eröffnete er eine *Wiener bakkerij*, und die Damen der Stadt luden den jungen

Bäcker zu Gartenfesten und Clubabenden ein, der gestrandete Auswanderer wurde zum Einwohner der tropischen Stadt. Nun schrieb er den Eltern, schickte Fotografien der kleinen Brotfabrik, der Arbeiter, der Vegetation, Leopold im blütenweißen Anzug am Borobudur, der größten buddhistischen Tempelanlage der Welt. Als Retoursendung erhielt er Grüße aus Goisern, junge Fichtenzweige und Kletzenbrot. Das machte ihm das Herz schwer.

Die Tradition der Vogelfänger

Der Winter im Tal dauerte lang, trotz Föhneinbruchs im März gingen die Kinder über schneebedeckte Wiesen zur Schule. In den Stuben war es Frühling. Zeisige, Stieglitze, Gimpel und Kreuzschnäbel flatterten in Käfigen, stießen sich die Schnäbel an den Gitterstäben und sangen, sobald die Sonne aufging. Der alte Brauch des Vogelfangs wurde nach dem Krieg wieder gepflegt, 1924 gründete man den ersten Verein in Goisern, zahlreiche Mitglieder schrieben sich ein. Das jahrhundertelang tradierte Wissen wurde von den Vätern an die Söhne weitergegeben, bestimmte Fangplätze aufzusuchen, Vogelstimmen nachzuahmen, die Lockvögel abzurichten, Netze, Leinen und Vogelkäfige anzufertigen und die Vögel gesund zu halten. Vogelfang und Pflege waren Männersache. Je besser ein Vogel gehalten wurde, desto schöner sang er angeblich. Die Käfige mit Zweigen ausgelegt, am Boden feiner Sand, verschiedene Zapfen, Kräuter, Hanf und Leinsamen als Nahrung, gewöhnten sich die Tiere an die menschliche Ansprache, kamen zur Ruhe und wurden zahm. In früheren Zeiten ließ man die Vögel selten aus der Gefangenschaft, stellte sie als Trophäen in Gasthäusern aus oder verkaufte sie am Wochenmarkt. Nun, da der Gesetzgeber vorschrieb, sie als Leihgabe der Natur im Frühling auszulassen, klangen sie ihren Fängern noch süßer. Den Lockvogel behielten sie, hängten ihn bei der Jagd in einem *Kastel* an einen Baum, in dessen Geäst die Fallen versteckt wurden. Die Vogelfänger gingen vor dem Morgengrauen los, da es Spätherbst war, wärmten sie sich am Feuer, dann saßen sie in völliger Stille und Dunkelheit da. Als tief im Wald der erste Vogel zu singen begann, tirilierte der Lockvogel. Nun ging es schnell, etliche Vögel flogen herbei und verfingen sich sogleich in Fallen, andere schwirrten auf Futtersuche herum. Es galt, die Schönsten auszuwählen, der Rote Kreuzschnabel musste lichtrot sein, der Stieglitz eine reine Punktzeichnung auf Flügeln und Schwanz haben, der Zeisig sollte gelblich schimmern. Die *Fetzen,* als unschön beurteilte Vögel, wurden an Ort und Stelle ausgelassen, doch manchmal sangen gerade sie am schönsten. Oft gingen die Männer mit leeren Fangsäcken nach Hause, versuchten ihr Glück ein anderes Mal. Die Auswahl der richtigen Stubenbewohner hatte große Bedeutung, Vögel galten als Schicksalsboten, die das Haus vor Blitzschlägen und den Besitzer vor Rheuma schützten. Stellte man einen Kreuzschnabel in der Brautnacht unter das Bett, würde ein Knabe geboren werden. Der in Goisern legendäre *Krummschnabeltuscher*, der 1798 geborene Holzknecht Josef Besendorfer, hielt gelbe und rote Kreuzschnäbel, die er mit Nadelholzzapfen fütterte. Es hieß, jeden Morgen trinke er das harzhältige Wasser, in das die Vögel die Schnäbel getaucht hatten, er schwor auf diese Prozedur. Sein 100. Geburtstag wurde mit Böllerschüssen gefeiert, fünf Jahre später verstarb er, hatte er doch seine Lebensfreude verloren, da er den unterschiedlichen Gesang der Vögel nicht mehr hören konnte. Heute, da Tierschützer die Jagd und die Haltung von Singvögeln untersagt sehen wollen, sind sich die Vogelfänger im Salzkammergut einig, man würde nicht zum ersten Mal Widerstand gegen eine Verordnung aus Wien oder Brüssel leisten. Der Vogelfang ist UNESCO-Weltkulturerbe, und der seit 1949 bestehende Salzkammergutverband der Vogelfreunde vereint alle Vereine mit ihren über fünfhundert Mitgliedern. Bis spätestens 10. April müssen Stieglitz, Gimpel, Zeisig und Kreuzschnabel freigelassen werden, dann fliegen sie hoch.

Schwere Arbeit

Dass die Arbeit im Wald gefährlich war, vor allem im Winter Lebensgefahr durch Lawinen drohte, wussten die Angehörigen der Forstarbeiter und lebten mit ihrer Sorge. Oft gingen Vater und Großvater gemeinsam der schweren Arbeit nach. An einem stürmischen Februartag 1924 lieferte eine Partie das Holz nicht zu gewohnter Stunde bei

26.VI.21.

Liebe Eltern!

Gar wohl gefällt mir der Anfang der Reise. Gegenwärtig liegen wir auf 24 Stunden in der englischen Kriegshafenstadt Southampton vor Anker. Wir Österreicher u. Deutsche dürfen nicht an Land. Herrliches Wetter ruhige See. Jetzt erst finde ich Gefallen an der Welt, wie sie ist, es ist ja sehr schön, darin leben zu dürfen, aber Abwechslung muß man haben, Eindrücke sammeln können. Ich sende morgen Brief ab. Grüsse Euch Euer Poldl.

Carte Po[stale]

(Union Postale

Herrn

Mich. Wisinger

Goisern 6

Ober-Österreich

Oben: Der niederländischen Passagierdampfer Princess Juliana, Postkarte

Unten: Schreiben Leopold Wisingers bei der Abreise 1921 an seine Eltern

Oben: Die Wiener Bäckerei in Surabaya, Java, 1925

Unten links: Der Beinrichter Gottlieb Oberhauser mit seinem Skelett „Hansl"

Unten rechts: Josef Besendorfer, der „Krummschnabeltuscher", der 1902 im Alter von 104 Jahren verstarb

Oben: Das ehemalige Strandbad an der Traun, 1925

Unten: Das Dollfußdenkmal in Goisern, wurde 1938 gesprengt

Oben: Warten auf den Sohn, meine Urgroßeltern Michael und Anna Wisinger vor dem Haus, 1926

Links: Mein Urgroßvater, der Bäckermeister Michael Wisinger, 1930

den im Tal wartenden Fuhrleuten ab. Die acht Männer waren auch nicht in ihrem Unterstand anzutreffen, sie blieben spurlos verschwunden. Eine Lawine war über einem Fahrweg niedergegangen, berichtete ein Förster, und die Suchmannschaft fand Schuhe und verstreute Gerätschaft, dann unter der Schneedecke die bis zu fünf Meter tief Verschütteten. Deren Auffindung und Bergung erforderte über dreihundert Hilfskräfte, einige der Toten wurden im Arbeiter-Bildungsverein aufgebahrt, und fast alle Dorfbewohner waren bei den Begräbnissen auf dem evangelischen und dem katholischen Friedhof anwesend. Die im Gemeindearchiv aufliegende Amtsbestätigung über die Katastrophe im Weißenbachtal gibt Einblick in die Lebensumstände der Verunglückten. Nur einer der älteren Forstarbeiter hatte sich ein Häuschen bauen können, alle anderen waren gänzlich ohne Besitz und verfügten über kein Vermögen. Mit ihrem Einkommen erhielten die jungen Männer ihre Familien, darunter die unversorgten Kinder und Witwen der Brüder, die unverheiratet gebliebenen Schwestern und die kriegsversehrten Heimkehrer. Die unmittelbaren Folgen des Kriegs betrafen fast alle Familien in Goisern, und kaum jemand ahnte, dass der Friede erneut gefährdet war. Es wurde wieder marschiert. Die in Österreich zwischen den Parteien aufkommende Feindseligkeit und die Radikalisierung des politischen Denkens führten bereits zur Gründung paramilitärischer Verbände, die in Kompanien, Bataillonen und Regimenter aufgestellt, mit den Waffen aus Restbeständen der Armee ausgestattet wurden.

Freizeitkultur und Fremdenverkehr

Der wachsende Fremdenverkehr brachte dem Ort nicht nur Einnahmen, sondern auch neue Vergnügungen. Die 1925 gegründete Fremdenverkehr-Kommission baute ein kleines Strandbad oberhalb der Goiserer-Brücke, einen Holzbau mit Umkleidekabinen. Ein Sandstrand wurde aufgeschüttet, eine Liegeterrasse errichtet. Das durch Polster aufgestaute Flusswasser war an dieser Stelle etwas wärmer, auch ein Bademeister wurde eingestellt, um die Schwimmer im Auge zu behalten und für sittsame Verhältnisse zu sorgen. Die Badetage an der Traun blieben allen in Erinnerung, das grobe Wollzeug auf den Schenkeln und die Pfiffe der Burschen, erstes Verliebtsein und Sonnenbrände. Wer mutig war, schwamm in die Mitte des Flusses, die Damen aus Berlin kühlten sich die Knöchel und trugen feine Bademode. Bei den abendlichen Kurkonzerten im Pavillon der Goiserermühle spielte die Salinen-Kapelle aus Hallstatt auf, die Kinder tanzten, auf den Bänken saßen die Alten des Orts. Auch gab es Attraktionen wie Motorradrennen auf der Pötschenstraße, was die Wirte an der Strecke freute, die Gemeindevertretung aber nicht gern sah, da in rasendem Tempo durch den Ort gefahren wurde und es zu Unfällen kam. In diesen Jahren wurde trotz der wirtschaftlichen Krise der späten Zwanziger-Jahre einiges gebaut, eine moderne Skisprunganlage und die Goiserer-Hütte zwischen dem Sonnenwendkogel und dem Hoch-Kalmberg. In den Ferien schleppten Schulkinder die Ziegel, die kräftigsten Männer trugen die Balken und Bretter aus dem Tal herauf, das Wasser wurde von Mitgliedern des Alpenvereins in Eimern von der Quelle bis zur Baustelle weitergereicht. Die durch Fremdenverkehr und Warentransporte stark befahrene Bundesstraße wurde bituminiert, mit Asphalt überzogen, da jedes Fahrzeug Staub aufwirbelte, und bei Regen Schuhe und Hose verschmutzt wurden. Trotz seiner wachsenden Einwohnerzahl galt Goisern als Dorf, nur ein Punkt auf der Landkarte, nun überlegte die Gemeindevertretung, sich um den Titel *Markt* zu bewerben. Da dies möglicherweise eine höhere Besteuerung mit sich gebracht hätte, blieb das Ansuchen irgendwo in Linz liegen, auch die Umbenennung in *Bad Goisern* gelang aufgrund der fehlenden Kanalisation nicht, diese wäre mit hohen Kosten verbunden gewesen, da eine Bodensenkung mitten durch den Ort verlief und manche Ortsteile tiefer gelegen waren. Die Geschäftsleute hatten bereits Visitenkarten und Werbemittel drucken lassen, doch Goisern blieb ein Dorf. Immerhin wurde es 1931 zum *Heilbad- und Luftkurort* ernannt.

In der Zeit der Depression

Die Salzkammergut-Zeitung berichtete nahezu wöchentlich über die Selbstmorde in Goisern, sie geschahen zumeist aus Verzweiflung, die Familie nicht ernähren zu können, der Familienvater hatte die Arbeit verloren oder ausgesteuerte Alte wollten niemandem zur Last fallen. Erhängen und Ertrinken waren die häufigsten Todesarten, eine Kriegswitwe vergiftete sich, damit ihre Kinder einen Platz im Waisenhaus und warme Mahlzeiten bekämen. Ursachen für den Freitod waren ebenso Nervenleiden und depressive Verstimmungen, die man der ungünstigen Witterung zuschrieb. Auch mein Urgroßvater, der Bäckermeister Michael Wisinger, litt unter sogenannten „Gemütszuständen", bereits in jungen Jahren wollte er sich im Hallstättersee ertränken, indem er das Boot zum Kentern brachte. Bald darauf kam mein Großvater Leopold auf die Welt, der die Lebensfreude seiner Mutter Anna geerbt hatte. Die Zeit verging. Anna Wisinger liebte die Sommerfeste, das Tanzen und die Musik, den Fasching und das Böllerschießen. Nachmittags saß sie am Balkon des Hauses und plauderte mit den Passanten, abends gab es immer einen Anlass, Gasthäuser oder Vereinslokale aufzusuchen, vor der Sperrstunde gab es kein Heimkommen. Je unternehmungslustiger sie war, desto schweigsamer wurde ihr Mann. Michael schien stets auf die Rückkehr seines Sohnes zu warten, zunächst aus dem Krieg, dann aus den Tropen, bat ihn, zurückzukommen, um das Geschäft zu übernehmen. Doch Leopold hatte keine Eile, nach Goisern zurückzukehren, genoss den Winter an der Seine, machte Bekanntschaften und besuchte die wilden Revuen auf den Boulevards. Er begann, sich mit Literatur und Philosophie zu beschäftigen. Auf seiner neuen Visitenkarte stand als Berufsbezeichnung „Privatier". Er würde als erster der Familie kein Brot für die Goiserer backen, so kehrte er heim. Ein Chauffeur brachte ihn zum Haus, Reisekisten wurden ausgeladen. „Zehn Jahre in den Tropen sind genug, sonst holt dich die Malaria, da hilft kein Whiskey mehr dagegen", erklärte er dem Empfangskomitee, das sich bei der Eibe vor dem Haus versammelt hatte. Den Vater fand er an der Traun vor, wo dieser immer öfter am Ufer saß. Michael Wisinger nickte seinem Sohn zu und zeigte auf die Berge und den Fluss.

Am Berg und im Wald

Es wurde viel über die Freiheit geredet. Die Sportler gingen in die Berge und suchten den weiten Ausblick und die Herausforderung. Ihr Idol war der Bergbauernsohn und junge Lehrer Sepp Lichtenegger, einer der besten Bergsteiger seiner Zeit. Die plattengepanzerte Route über die Däumling-Ostkante des Gosaukamms galt als unbezwingbar, bisher waren über dreißig Besteigungen gelungen, aber nur über die Scharte. 1932 bezwangen der dreiundzwanzigjährige Lichtenegger und sein Freund Lois Macherhammer den *Adlerberg* über die Ostkante, eine der Schlüsselstellen der Alpen. In das Gipfelbuch schrieben sie, „jauchzende Jugend! Die alles waget, Tal, Teufel und Tod mit Fäusten verjaget! Sonne und Sieg! – und all ihr Segen! Hoch überm Abgrund, das ist ein Leben!“ Auf der Suche nach Freiheit Extremes bewältigen, den eigenen Tod in Kauf nehmen und sich über die Verhältnisse hinausbewegen – das inspirierte die Zeitgenossen Lichteneggers, bedeutete es doch, nach verlustreichen Jahren wieder siegreich sein zu können. In den Tagebüchern und Gedichten des tollkühnen Erstbesteigers zahlreicher Gipfel fanden sich einige Anmerkungen über die sozialen Verhältnisse. Er sah nur eine politische Kraft in der Lage, diese zu ändern, den Nationalsozialismus. Dieser schien ihm den Nimbus des Großen zu haben, doch Sepp Lichtenegger ahnte den Preis, warnte, dass etwas auf die Menschheit zukommen würde. In der „großen, einsamen, blauen Stunde“, so beschrieb er die Ankunft am Gipfel, sah er die Bruchlinien im Tal. Als Goiserer Kind hatte er das Leid des Ersten Weltkriegs miterlebt, während der Lehrerausbildung in der Industriestadt Linz wich er den Straßenkämpfen zwischen der Heimwehr der Christlichsozialen Partei und dem Republikanischen Schutzbund der Sozialdemokraten aus. Der Schutzbund kämpfte auch im Salzkammergut gegen die antidemokratische, der Arbeiterschaft gegenüber feindlich eingestellte Heimwehr, die einen autoritären Staat nach dem Vorbild Italiens befürwortete. Was den Antisemitismus und die Ablehnung des Liberalismus betraf, aber auch bei der Pflege des Brauchtums und der Idealisierung des *deutschen Volkes im christlichen Abendland*, waren die Christlichsozialen mit den Nationalsozialisten in Einklang. Die gemeinsamen Feinde waren die *Roten* und die *Juden*. Da der Tourismus im Salzkammergut nicht unter dem Ausbleiben der jüdischen Sommergäste leiden sollte, hielten sich die Christlichsozialen als staatstragende Partei etwas zurück, ließen aber den Mob gewähren. Die Nationalsozialisten gewannen an Terrain, gründeten Ortsgruppen, wurden in Turnvereinen aktiv und boten Unterhaltung durch Feiern und Aufmärsche. Es kam zu Sabotageakten und Raufereien, man trat gegen die alten *Systemparteien* auf. In Goisern hatte man bis 1933 den Eindruck, als wäre der Zusammenhalt der Bewohner des Orts stärker als die weltanschaulichen Unterschiede zwischen Bürgertum und Arbeiterschaft, Evangelischen und Katholischen, Liberalen und Nationalsozialisten. Gelegentliche Parteiversammlungen, in denen aus Wien und Linz geladene Vortragende Brandreden hielten, gingen vorbei und die Gemeindevertreter unter dem langjährigen sozialdemokratischen Bürgermeister Ignaz Peer arbeiteten auf bewährte Weise weiter. In den Protokollen der Sitzungen der Gemeindevertretung lassen sich Debatten über Wegrechte, Konzessionen und die Zuerkennung von Unterstützung für Bedürftige nachlesen, denn die Arbeitslosigkeit stieg rasant, der Fremdenverkehr ließ nach. Das Armengeld machte ein Drittel der gesamten Gemeindeauslagen aus, die Gemeinde geriet in Finanznöte, bekam keine Kredite bei den

Banken, und der Arbeiter-Konsumverein musste ein Darlehen geben. An neue Steuern oder an einen Zuschlag zum Preis von Lebensmitteln war nicht zu denken, so überlegte man sogar Einsparungen bei der Straßenbeleuchtung. Die Verschuldung stieg. Mit der zunehmenden Aussichtslosigkeit auf Verbesserung der wirtschaftlichen Verhältnisse verschoben sich nach und nach die Parteizugehörigkeiten. Jugendliche aus traditionell christlichsozialen Familien liefen zur Hitlerjugend über, ein Flügel der Sozialdemokraten, dem die Partei als zu schwach erschien, wandte sich den Kommunisten zu. Ein Teil der Arbeiterschaft und der Großteil der Arbeitslosen wählte das Lager der Nationalsozialisten. Familien zerstritten sich, Brüder gingen abends zu unterschiedlichen Parteiveranstaltungen, standen sich auf der Straße gegenüber. Noch traf man sich in den Vereinen, musizierte miteinander und ging gemeinsam auf die Berge. Sepp Lichtenegger eilte von Gipfel zu Gipfel, wurde Zeitzeuge der Machtergreifung der Nationalsozialisten in Deutschland, erlebte noch die Zerstörung der Demokratie in Österreich durch die Auflösung des Parlaments 1933, den Bürgerkrieg 1934, das Verbot der Parteien und die Errichtung des faschistischen Ständestaats. Ein Jahr später verunglückte er auf dem Matterhorn, sein Begleiter Lois Macherhammer musste den tiefen Sturz mitansehen. Der legendäre Bergsteiger, Idol seiner Zeit, blieb verschollen. Sein Bergfreund kam 1943 im Zweiten Weltkrieg im Luftkrieg über Sizilien ums Leben.

„Zusammengeschossen wurde alles, was vors Rohr kam, Gais und Kitz so gut wie ein Bock ... so entwickelte sich jetzt ein förmliches Raubschützenwesen“, beklagte der Gemeindechronist Laimer in der *Ortsgeschichte* der Zwischenkriegszeit, als es auch zu tödlichen Schusswechseln zwischen Jägern und einheimischen Wilderern gekommen war. Die Männer mit geschwärztem Gesicht, die sich über Geröllhalden und auf steilste Abstiege wagten, brachten nicht nur das dringend benötigte Fleisch in den Ort, die *grünen Rebellen* sahen in der von ihnen begangenen Straftat eine legitime Bemächtigung der ihnen jahrhundertelang vorenthaltenen Jagdgebiete. In den Gasthäusern sprachen die Männer über die Freiheit, sich zu nehmen, was man wollte und gesellschaftliche Normen zu übergehen. Die Parole der Nationalsozialisten, *keine Steuern zahlen und alles Wild abschießen*, sprach die oft aus dem Milieu der Holzknechte kommenden Wilderer an, die sich vielfach der Bewegung anschlossen. Sie gingen vorzugsweise bei starkem Regenfall wildern, trugen weite Hosen, um den Gang zu tarnen, dazu Rock und Hut. Man ging allein, höchstens zu zweit. Oft wurde ein Halbwüchsiger mitgenommen, den man einlernte und der Hilfe holen konnte. *Ein wenig wildln gehen* war eine Mutprobe der Buben, die sich spielerisch auf die Pirsch legten und an Eichhörnchen übten. Vor einer Hochzeit schoss man eine besonders prächtige Gams, schon wegen des Gamsbarts für den Hutschmuck. Zuhause verarbeiteten die Frauen das Fleisch zu Gulasch und verteilten es, in den Jagdgebieten auf den Anhöhen beherbergten Sennerinnen die Wilderer. „An einem Sonntagsmorgen, recht zeitig in der Fruah, nimmt der Wildschütz sein Stutzerl, geht dem Gamsgebirg zua…“, Volkslieder dieser Art wurden besonders gerne gesungen. Auch die im Goiserer Kino damals häufig gezeigten Wildererdramen waren gut besucht, die schneidigen Abenteurer wurden beklatscht, die Märtyrer beweint, sodass die staatlichen Aufsichtsbehörden ein Verbot der jugendfreien Filme erwogen, dieses aber nicht durchsetzen konnten. Ein in das Forstamtsgebäude in ein offenes Fenster geworfener Sprengkörper explodierte nicht, die Täter blieben unauffindbar. Allgemein wurde es unruhig im Ort, die Menschen waren zunehmendem Druck ausgesetzt. Die Parteien kontrollierten ihre Anhänger und bespitzelten ihre Gegner, die Arbeitgeber drohten mit Entlassungen, die Gewerkschaften wurden entmachtet. Die von den Sozialdemokraten versprochene soziale Gerechtigkeit war nicht zu erfüllen, die Weltwirtschaftskrise hatte die staatlichen Bemühungen zunichte gemacht, zudem regierte in Österreich seit 1920 ein Bürgerblock, der andere Interessen verfolgte. Vor den Kommunisten schreckten die meisten zurück, da man russische Verhältnisse befürchtete, Zwangsenteignungen und Hungersnöte. Immer mehr Menschen sahen im Anschluss an das Hitlerregime eine bessere Zukunft, eine Befreiung.

Bild folgende Seite: Der alte Gemeindeplatz im Ortszentrum

Wiener
FRISEUR
Goisern. Gemeindeplatz.

1933–1938

Da ist ein Mann im Wasser. Die Gäste der Konditorei Zauner sprangen von den Sesseln hoch und liefen das Traunufer flussabwärts, eskortierten einen Körper, der schließlich auf eine Sandbank am Ufer geschwemmt wurde. Nun wichen viele zurück, wandten sich ab, den Kindern hielt man die Augen zu. Zwei Burschen kletterten die Böschung hinunter, packten den Mann am Hosenbund und drehten ihn auf den Rücken. Er schien zu schlafen, den Mund halboffen, floss ihm das Wasser aus Ärmeln und Hosenbeinen. Eine Menschentraube bildete sich, jeder sprach mit jedem, einer erzählte dem anderen, was er gehört hatte, man verstand kein Wort. Ein Uniformierter gab mit einer Trillerpfeife Anweisung weiterzugehen. Mein Großvater Leopold war an diesem Tag früh am Morgen nach Ischl gefahren und saß mit Freunden beim Attwenger am Fluss, als er auf das Geschrei und den Aufruhr aufmerksam wurde. Eine Frau kam in den Gastgarten gerannt, „a Leich hamms aussegfischt", auch Leopold lief zur Traun. Kurz darauf kam er zurück und bat den Kellner um ein Tuch, um das Gesicht seines Vaters zu bedecken.

Die Nationalsozialisten im Ort

Auf den Straßen und Wegen lagen papierene kleine Hakenkreuze. Die Passanten traten drauf, der Wind verwehte sie, die Schulkinder steckten sie ein oder bewarfen sich damit. Nach dem Verbot der Nationalsozialistischen Deutschen Arbeiterpartei im Juni 1933 blieben die Aufmärsche mit Trommelwirbel aus, dafür hingen etliche zu einem Hakenkreuz zusammengenagelte Bretter an den Bäumen, täglich wurde auf Feldstadel und Fassaden gemalt: „Ein Volk, ein Reich, ein Führer". Die Gendarmerie war damit beschäftigt, die Täter ausfindig zu machen und die Schmierereien von Putztrupps abwaschen zu lassen. Einige ortsbekannte Nationalsozialisten flüchteten ins Deutsche Reich und wurden ausgebürgert, die meisten Anhänger blieben im Ort und warteten ab. Der Hitlergruß und das Absingen des Horst-Wessel-Liedes wurden verboten, Führerreden im Rundfunk heimlich gehört, Flugzettel unter der Hand weitergegeben. Eines Morgens war an der Jochwand ein riesiges Hakenkreuz zu sehen, das Kletterer, die sich in die steilen Felsen abgeseilt hatten, mit roter Farbe gemalt hatten. Nachdem dieses mehrere Male mit Mühe übertüncht wurde, man musste professionelle Bergsteiger dafür engagieren, wurde es immer wieder erneuert. Zu Beginn des Verbots der NSDAP-Ortsgruppe gab es noch Anzeigen, Eltern mussten Strafen für Vandalismus zahlen, einige Jugendliche wurden entlassen oder verwarnt. Doch im Turnverein, der von Wirtschaftstreibenden des Orts und dem deutschnationalen Lager geführt wurde, agitierte man weiterhin, es wurde bereits in Reih und Glied gestanden, Härte und Disziplin als deutsche Tugend gelobt. Der Zulauf war groß. Viele frühe Anhänger des Nationalsozialismus sahen die in ganz Österreich zunehmenden Terrorakte als vorübergehend an, war man doch auch von den anderen Parteien und ihren Wehrverbänden Gewalt gewohnt. In der Neujahrsnacht 1934 wurden auf der Wiese des Himmelbauern Sägespäne in Form eines Hakenkreuzes gestreut. Mit Petroleum getränkt, brannten sie lange und hell.

Goisern im Bürgerkrieg 1934

Am Morgen des 12. Februar 1934 wurde in Goisern bekannt, dass es in Linz im sozialdemokratischen Parteiheim *Hotel Schiff* zu einer Schießerei gekommen war, als die Heimwehr nach Waffen des mittlerweile verbotenen Republikanischen Schutzbunds suchte und auf Widerstand traf. Telefonisch kam man schwer durch, und so berichtete jeder im Ort, was man in den letzten Tagen über die Verhaftungen von Schutzbündlern und die Absetzung des oberösterreichischen Arbeiterkammerpräsidenten in den Zeitungen erfahren konnte. In Ebensee waren die Arbeiter bereits in Generalstreik getreten und hatten Schlüsselstellen im Ort besetzt. In Goisern zögerte man noch, die Salinenarbeiter, Forstarbeiter und Werksarbeiter in Steeg warteten ab, da sich abzeichnete, dass ein Aufruf zum Generalstreik erfolglos bleiben sollte, auch gab es offensichtlich keine gesamtösterreichische Vorgehensweise des Widerstands. Nun setzten in Wien, Steyr und anderen Industrieorten Kämpfe ein, die innerhalb weniger Tage von der Polizei, Gendarmerie, Heimwehr und dem Bundesheer mit schwerer Artillerie niedergeschlagen wurden. Allein in Oberösterreich gab es sechzig Tote, es kam zu standrechtlichen Verfahren und Todesurteilen. Die Bundesregierung nützte die Situation, lange hatte man auf die Gelegenheit, den stärksten politischen Gegner auszuschalten, gewartet. Im Goiserer Gemeindearchiv findet sich ein Dokument, das bereits am 14. Februar 1934 von den sozialdemokratischen Gemeindevertretern unterzeichnet worden war: der Verzicht auf ihr Mandat. In einer überraschend einberufenen Sitzung verlas Bürgermeister Peer ein paar knappe Zeilen: „Die Mitglieder der Gemeindevertretung und sonstigen Mandatare, welche von der sozialdemokratischen Partei gewählt worden sind, werden hiermit verständigt, dass laut eingelangter Verordnung der Bundesregierung alle diese Mandate als erloschen erklärt sind und dass deren weitere Ausübung als Übertretung des Verbots der sozialdemokratischen Partei behandelt würde." Es blieb ruhig im Saal, niemand wusste, was in diesem Moment zu tun war. Auf dem Platz vor dem Gemeindeamt das gewohnte Leben, erste Zecher saßen im Gasthof *Zum braunen Bären*, es gab frisches Geselchtes an diesem Mittwoch, und die Glocken beider Kirchen schlugen wie immer etwas zeitversetzt.

In der Diktatur

Der Umbau der politischen Verhältnisse im Ort vollzog sich schnell. Alle mit der Sozialdemokratie in Verbindung stehenden Einrichtungen wurden umbenannt und unter Aufsicht gestellt. Der Arbeiter-Bildungsverein hieß nun Bildungsverein, die Bibliothek wurde mit der Literatur katholischer Autoren befüllt. Zunächst wollte keiner den Posten des anstelle des Bürgermeisters einzusetzenden Oberkommissärs übernehmen, ein christlichsozialer Oberförster erklärte sich schließlich dazu bereit. Der Führer des Republikanischen Schutzbunds und der sozialdemokratische Ortsvertrauensmann kamen für drei Wochen im Ischler Bezirksgericht in Haft, da sie jedoch beim Februaraufstand keine bedeutende Rolle gespielt hatten, wurden sie wieder freigelassen. Wer sein Gewehr im Februar bei der Gendarmerie abgeben musste, erhielt es im Frühjahr zurück, weil die Jagdgemeinschaften weiter bestehen sollten. Die meisten Parteigenossen verhielten sich ruhig, da sie staatliche Angestellte oder Pensionisten waren, und von der nun verbotenen Partei wenig Rückhalt zu erwarten war. Einige ehemalige Angehörige des Schutzbunds wurden entlassen. Ganz anders agierten die Nationalsozialisten. Bei den festlichen Umzügen der Vaterländischen Front, einer 1933 von Bundeskanzler Dollfuß gegründeten Sammelbewegung, der alle *dem Vaterland treuen Staatsbürger* angehörig sein sollten, standen sie Spalier und spotteten. Die sich ebenfalls im aktiven Widerstand befindlichen Kommunisten verteilten Flugzettel. Insgesamt fand der sich langsam etablierende autoritäre Ständestaat wenig Anklang in Goisern.

Über Frauengeschichte

Die Erinnerung an die Frauen des Orts ist auf vielerlei Weise verschüttet. *Gearbeitet haben sie halt,* darüber hinaus ist wenig zu erfahren. In den Erzählungen und auf Fotografien werden einige Frauenfiguren sichtbar, es sind Bilder des alten Goisern. Die Frau mit dem Leiterwagen, die Schotten, Topfen, verkaufte, die Magd, deren Gesicht von der Sonne verbrannt war, Wäscherinnen, am Mühlbach kniend. Die jungen Frauen mit Blumenkranz im Haar, die Bräute in Tracht, Mädchen, die der Diphtherie-Epidemie 1935 zum Opfer fielen. Bäuerinnen mit schwarzem Kopftuch, Ehefrauen von Salinenarbeitern und Fuhrwerksbesitzern, einige Wirtinnen, Bürgerfrauen mit Goldhaube, Gattinnen von Ärzten und Kaufleuten, einige wenige namentlich bekannte Personen in der üblichen Lesart von Zeitgeschichte. Die Chronisten wählten den männlichen Blickwinkel für ihre Aufzeichnungen und überlieferten vorwiegend politische Ereignisse, bauliche Veränderungen, sportliche Erfolge, Unglücksfälle und Naturbeobachtungen. Frauen, über Ortsgeschichte befragt, halten sich oft für zu unpolitisch, um über Vergangenes sprechen zu können, „Da weiß ich zu wenig, da kennt sich mein Mann besser aus“, meinen sie. Männer scheinen sich eher für Heimatgeschichte zu interessieren, denken chronologisch und sammeln allerlei Objekte. Wenn Frauen über ihre Mütter und Großmütter erzählen, betrachten sie deren Schicksale als für die Allgemeinheit unbedeutend, da privat, familiär, zu persönlich. Daher steht geschlechtsspezifische Brauchtumsgeschichte oft im Vordergrund, Handarbeitstechniken und Kochrezepte geraten zur Frauengeschichte. Dass sich aber alle Frauen in die Geschichte einschrieben, wird nicht wahrgenommen. Erst männliche und weibliche Narrative ergeben ein Ganzes, Handarbeit und Handwerk, kochen und das Holz machen, Kinder hüten und Brücken bauen, Altenpflege und Feuerwehr. Die späte politische Sozialisation durch das Frauenwahlrecht 1919 und die zunehmende Erwerbstätigkeit haben Frauenleben in der Zwischenkriegszeit verändert. Es zeichneten sich Alternativen zur Fremdbestimmung durch Kirche, Staat und Familie ab. Der katholische Ständestaat verwies Frauen jedoch wieder auf ihre traditionelle Rolle. Zunächst wurde die in der Verfassung verankerte staatsbürgerliche Gleichberechtigung von Mann und Frau aufgehoben, ab 1. Mai 1934 war die Ungleichbehandlung von Frauen und Männern per Gesetz erlaubt. Die *Doppelverdienerverordnung* verdrängte verheiratete Frauen aus dem Staatsdienst, und Kinderlosigkeit wurde als *ungesunder Zustand* angesehen. Wahlberechtigt wären nur mehr jene Österreicherinnen gewesen, die außer Haus berufstätig waren. Das von der Sozialdemokratie und liberalen Kräften propagierte moderne Frauenbild wurde abgelehnt, an dessen Stelle trat die katholische Vorstellung der Frau als *Magd des Herrn,* der Jungfrau Maria ähnlich, sich als Frau und Mutter aufopfernd und den Verlockungen der urbanen Sittenlosigkeit widerstehend. Die Mehrheit der evangelisch geprägten Bevölkerung in Goisern lehnte die gesellschaftspolitischen Ziele des Ständestaats ab, die Frauenvereine wurden der Kontrolle der katholischen Kirche unterstellt, die Turnvereine trennten Mädchen und Buben, der Andachts- und Beichtzwang wurde selbst von Katholiken als nicht mehr zeitgemäß empfunden. Einmal mehr schien die nationalsozialistische Bewegung mehr individuelle Freiheiten zu versprechen, nicht zuletzt für die Frauen. Die Jugendkultur war für beide Geschlechter attraktiv, Religion keine moralische Instanz mehr, und das Führerprinzip begeisterte Männer und Frauen gleichermaßen.

Der Juli-Putsch der Nationalsozialisten

Der im Jahr 1934 vierundzwanzigjährige Gastwirtssohn und arbeitslose Zuckerbäcker Felix Urstöger war flink, sprang auf einen Tisch und unterbrach die Feierstunde der Vaterländischen Front. Dann verlas er eine Petition an Bundeskanzler Dollfuß. Vor der Verhaftung schützte ihn nur die Menschenmenge, die sich den Gendarmen in den Weg stellte. Es hieß, Urstöger hätte sich bei den *Illegalen* in den oberen Ortschaften versteckt. Vor Razzien gewarnt, blieb er auf freiem Fuß. Die im Ort einquartierte Heimwehr wurde nicht gern gesehen, die Wirte befürchteten, von der Bevölkerung boykottiert zu werden. Es kam zu Raufereien mit Ortsbewohnern, auch wurde von irgendwoher ein Schuss abgegeben, traf das Gemeindeamt und blieb im Plafond stecken. Vieles geschah im Geheimen. In den Familien oder in den Vereinen wusste oft einer nichts über des anderen Parteizugehörigkeit. Diese trat eher überraschend zutage, der katholische Gewerbetreibende beschäftigte illegale Nationalsozialisten, ein Gewerkschafter wurde nach der Verbreitung von kommunistischen Flugblättern verhaftet, Mitglieder der evangelischen Gemeinde sprachen sich für den Anschluss an das Deutsche Reich aus. Als sich ein Wilderer bei einem Handgemenge mit einem Jäger selbst ins Herz schoss, wurde sein Sarg von SA-Männern getragen, „dein rotes Blut, Kamerad, ist nicht umsonst geflossen", sangen die ehemaligen Schulkameraden, und die Trauerfeier wurde zur NS-Kundgebung. Der einige Tage darauf beginnende Juli-Putsch der Nationalsozialisten in Österreich führte auch im Salzkammergut zu Besetzungen und Schießereien, verlief aber innerhalb weniger Tage anders als von den Aufständischen erhofft. Zunächst herrschte Verwirrung, da im Radio berichtet wurde, dass Bundeskanzler Dollfuß die Regierungsgeschäfte übergeben hätte, nach einigen Takten Marschmusik hörte man Schüsse, dann war Sendeausfall. Nachdem aber bekannt wurde, dass Dollfuß in seinen Amtsräumen ermordet worden war und in Folge etliche NS-Sympathisanten im Österreichischen

Bundesheer und in der Gendarmerie den Putsch nicht unterstützten, zögerte man in Goisern loszuschlagen. In Ischl und Obertraun waren Militäreinheiten stationiert, doch die jüngeren Nationalsozialisten ließen sich nicht aufhalten. Sie hatten bereits von Kämpfen in Mitterndorf gehört und versammelten sich an der Traun, Treffpunkt war das Schwimmbad. „Besonders stark waren die Aufständischen in Goisern zusammengerottet. Es trafen sich dort Nazi aus Hallstatt, Gosau und Goisern, ca. 250 Mann stark", berichtete die Salzkammergut-Zeitung. Unter der Führung von Felix Urstöger zogen die Putschisten durch den Ort, besetzten den Bahnhof, den Gendarmerieposten, das katholische Schülerheim Stephaneum, die Post, Wohnhäuser und das Gemeindeamt. In dessen Räumlichkeiten arretierte man zahlreiche Personen, um sie von den Kämpfen fernzuhalten. Es folgten unkoordinierte Aktionen, die Fahrgäste eines im Bahnhof einfahrenden Personenzugs mussten aussteigen, ein ortsansässiger Monarchist sollte sogar gelyncht werden, „Kum aussa, mia hengan di auf!", riefen einige und durchsuchten das Haus. Der Mann hatte sich in letzter Minute auf den Dachboden gerettet, erzählt sein Sohn. In der Ortschaft Steeg kam es zu einem Feuergefecht, ein Heimwehrposten sollte überfallen werden. Die Putschisten wurden beschossen und gaben auf, auch das Elektrodenwerk konnte nicht eingenommen werden. In die Enge getrieben, suchte Urstöger Kontakt mit Ischl, wo heftig gekämpft wurde. Ein gemeinsames Vorgehen kam nicht mehr zustande, da das Militär die Lage bereits im Griff hatte und ein Heimwehrbataillon aus der Steiermark bald in Goisern eintreffen sollte. Um drei Uhr früh gingen die Kämpfer nach Hause, vorher ließen sie die Gefangenen frei. Nichts weiter geschah. Urstöger selbst blieb im Gemeindeamt und ließ sich festnehmen. Nachdem zahlreiche Augenzeugen die Namen der beteiligten Nationalsozialisten kannten, erfolgten fünfundsiebzig Verhaftungen. Einigen gelang die Flucht *ins Reich hinaus,* andere zogen sich auf die Schartenalm zurück. Martin Deubler aus Goisern und zwei seiner Freunde, Wilhelm Reiter und Josef Peer, glaubten sich als erfahrene Wilderer auf den Bergen in Sicherheit, doch Heimwehr und Alpenjäger spürten sie auf. Deublers Leiche fand man schwer misshandelt mit zertrümmertem Kopf und Herzschuss, Wilhelm Reiter flüchtete mit gebrochenem Arm, Josef Peer erlitt einen Durchschuss am Bein. Der Ort hatte nun einen Märtyrer, ab nun führten die Umzüge zu Martin Deublers Grab, und prominente Nationalsozialisten, die nach Goisern kamen, ehrten ihn an seiner letzten Ruhestätte. Bereits Anfang Oktober kehrten fast alle nach dem Putsch inhaftierten Goiserer nach Zahlung einer Sühnegebühr zurück, einige kamen für kurze Zeit in das Anhaltelager Wöllersdorf. Felix Urstöger wurde von einem Standgericht in Linz zu vierzehn Jahren Kerker verurteilt, doch bereits 1936 amnestiert. Er wurde mit Jubel in Goisern empfangen und konnte die Aufbauarbeit der nationalsozialistischen Bewegung im Ort fortsetzen. Nach dem

Anschluss an das Deutsche Reich ging er als Abgeordneter der Ostmark in den Großdeutschen Reichstag, meldete sich an die Front und fiel 1941 in Russland am Ufer des gefrorenen Flusses Luscha.

Der Ständestaat im Ort

Je mehr sich die Regierung des österreichischen Ständestaats bemühte, die Bevölkerung für sich zu gewinnen, umso größer wurde deren Hoffnung auf Selbstbestimmung und gleichzeitig Hilfe von außen. Der Großteil der Goiserer wollte von der ideologischen Regulierung des alltäglichen Lebens, den patriotischen Weihestunden und den Festivitäten im katholischen Jahreszyklus befreit werden, andererseits setzte man aufgrund der schlechten wirtschaftlichen Lage zunehmend auf die Annäherung an Hitler-Deutschland. Maßnahmen wie die Umbenennung des Arbeiter-Sängerbunds in Gesangsverein Bergheimat wurden mit Ärger zur Kenntnis genommen, auch war vielen bewusst, dass die vom Ständestaat geförderte bäuerliche Volkskultur die sozialen Missstände überspielen sollte. Der traditionell politisierten Arbeiterschaft entging dabei nicht, dass die Ausschaltung der Gewerkschaften und Arbeiterkammern zu ihren Lasten ging, mochten Brauchtum und allerlei Festivitäten noch so sehr zur Ablenkung gedacht sein. Kaum jemand im Ort grüßte mit *Front Heil*, auch das Kruckenkreuz, Symbol des Ständestaats, setzte sich bei der evangelischen Bevölkerung nicht durch. Ähnlich der politischen Kultur des Faschismus in Deutschland und Italien wurden, von der Regierung gefördert, Heldenmythen und Führerkult gepflegt, und einige Anhänger der Vaterländischen Front errichteten in der Ortschaft Wildpfad ein Dollfuß-Denkmal, das der Gemeinde erhebliche Kosten verursachte. Bei der feierlichen Enthüllung nahmen viele nur unter Zwang teil, die Zeremonie dauerte mehrere Stunden. Das Denkmal wurde unmittelbar nach dem Anschluss 1938 gesprengt, die Trümmer des Reliefs und des Pavillons blieben jahrelang im Wald verstreut liegen. Bis heute gibt es in Goisern einen Dollfuß-Weg, offenbar ohne Bedeutung. In der Nacht nach der Einweihung des Denkmals im Jahr 1935 fanden erneut zahlreiche Schmieraktionen der Nationalsozialisten statt, überall tauchte die Zahl *13* auf, es waren ein Jahr vorher dreizehn Männer nach dem Juli-Putsch hingerichtet worden. Nun setzte eine weitere Verhaftungswelle im Ort ein, sogar minderjährige Burschen, die der verbotenen Hitler-Jugend angehörten, wurden abgeholt. Auch die von der Geheimpolizei observierten Kommunisten saßen einige Wochen lang in Wels in Untersuchungshaft. Deren Aktivitäten konzentrierten sich auf die *Rote Hilfe* für aus politischen Gründen entlassene Arbeiter und die Herstellung von Zeitungen und Flugblättern, die zum Arbeitskampf in Betrieben aufriefen, aber auch bolschewistische Propaganda verbreiteten. Bei Hausdurchsuchungen hatte man Schreibmaschinen und Apparate zur Vervielfältigung von Gedrucktem gefunden. Etliche ehemalige Sozialdemokraten hatten sich den Kommunisten angeschlossen, da ihnen die eigene Partei im Untergrund als nicht schlagkräftig genug erschien. 1936 bekamen in Österreich die Nationalsozialisten mächtigen Aufwind, sie wurden nämlich aus der Haft entlassen und amnestiert. Das sogenannte Juli-Abkommen mit Deutschland gestattete künftig die offene Verbreitung von Propaganda und ermöglichte den Aufbau nationalsozialistischer Organisationseinheiten. Die Partei selbst blieb verboten. Kanzler Schuschnigg erhoffte sich dadurch eine Normalisierung des Verhältnisses zu Deutschland und glaubte an die Zusicherung, dass Österreich ein souveräner Staat bleiben würde. „Deutschland hat weder die Absicht noch den Willen, sich in die inneren österreichischen Verhältnisse einzumengen, Österreich etwa zu annektieren oder anzuschließen", fügte Reichskanzler Hitler dem offiziellen Kommuniqué des Abkommens hinzu. Die den Fremdenverkehr seit Jahren ruinierende 1000-Mark-Sperre wurde aufgehoben, Urlauber konnten wieder nach Österreich reisen, ohne eine Gebühr an den deutschen Staat zahlen zu müssen. Dass die jüdischen Gäste ausblieben, störte kaum. Da den Nationalsozialisten in Österreich nun keine Verfolgung mehr drohte, verzeichnete die Hitlerjugend in Goisern regen Zulauf, der Turnerbund Alpenrose diente zur Anwerbung, im Kino liefen deutsche Propagandafilme und die von den Nationalsozialisten organisierten Lagerfeuer und sportlichen Wettbewerbe waren gut besucht. Die von der Depression der Nachkriegszeit geprägte Jugend des Orts war für die Propaganda empfänglich, man wurde Teil einer besseren Zukunft, fühlte sich vielleicht sogar zu Höherem berufen. Die SA hielt sich im Hintergrund. Da die nächtlichen Störaktionen ausblieben, genossen viele den Sommer, besuchten das Flussbad und stiegen auf die Berge. Ein gewisser Alltag war eingekehrt. Wer die illegale Arbeiter-Zeitung vom 19. Juli 1936 in die Hand bekam, dachte vielleicht anders. „Der Sinn dieser Vereinbarung ist klar. Ein deutsch-italienisches Kriegsbündnis ist im Werden, Deutschland bringt in dieses Bündnis seinen polnischen Bundesgenossen, Italien bringt in dieses Bündnis seine Vasallen – Österreich, Ungarn, Albanien und wahrscheinlich auch Bulgarien – ein. Dieser faschistische Block wendet sich gegen Frankreich und England im Westen, gegen die Sowjetunion im Osten und gegen die kleine Entente in Mitteleuropa." Doch für Sorgen dieser Art war der Sommer viel zu schön.

Antisemitismus im Salzkammergut

Die Burschen in weißen Kniestrümpfen und Lederhosen betraten das Café Ramsauer und musterten die Gäste, einer blieb an der Türe stehen. Ein älterer Mann zahlte und ging. Die Zeitungsleser blickten kurz von ihrer Lektüre auf und der Kellner räumte den frei gewordenen Tisch ab. Die Damen setzten ihre Gespräche fort, man hörte sie kaum, sie flüsterten. Die Burschen zogen weiter, morgen würden sie wiederkommen, manchmal wurde ihnen ein Bier spendiert. Bereits Ende der 1920er-Jahre war im Salzkammergut die judenfreie Sommerfrische gefordert worden, in Ischl kam es zu Übergriffen und Anpöbelungen, auch zu Beschädigungen an Geschäftslokalen jüdischer Mitbürger. Abgeordnete zum oberösterreichischen Landtag machten sich für Regelungen bezüglich des Zuzugs von Juden stark. Der Bergsteiger-Bund in Ebensee führte einen Arierparagraphen bei der Aufnahme von Mitgliedern ein, woraufhin sozialdemokratische Arbeiter austraten, und der Gmundner Schwimmclub schloss Juden aus. Das war erst der Anfang. In den Reden christlichsozialer und nationalsozialistischer Politiker wurde das internationale Judentum für den Kapitalismus und die Weltwirtschaftskrise verantwortlich gemacht, gleichzeitig die Sozialdemokratie und der Marxismus als jüdische Bewegungen dargestellt. Auch in Goisern wurde die Schädigung des Kleingewerbes durch jüdische Kaufhäuser und Konsumvereine befürchtet, so 1932 bei einer Versammlung der örtlichen Nationalsozialisten, und Lokalzeitungen schrieben über die *Verjudung* des Kurbetriebs. Mein Großvater, der seine Heimat zehn Jahre lang verlassen hatte, war in ein ihm fremdes Land zurückgekommen. „Manche Jugendfreunde erkannte ich nicht wieder“, erzählte er. Am Stammtisch der Bürger des Orts saßen nun Männer, die über das Weltjudentum diskutierten. Die

Buchbinder, Kaufleute und Baumeister waren sich einig, Antisemitismus wurde normales Denken.

Der Anschluss

Bei Vollmond sollte an der Ortsbeleuchtung gespart werden, das Jodschwefelbad war renovierungsbedürftig und der Badebetrieb musste eingestellt werden. Der Stellenabbau in den Industriebetrieben und der Forstwirtschaft hielt an. Die Finanzen der Gemeinde wurden durch die Auszahlung von Armengeld belastet, und da eine Anhebung der Steuern auf Lebensmittel nicht in Frage kam, hob man eine Fahrradsteuer ein. Um Sonderzahlungen vom Bund und vom Land zu erhalten, sollte die Gemeinde Goisern zum Notstandsgebiet erklärt werden. Doch dazu kam es nicht mehr. Am Abend des 11. März gingen viele auf die Straße, um die Neuigkeiten aus Wien zu erfahren. Die mit Spannung erwartete Volksabstimmung über die österreichische Unabhängigkeit war auf unbestimmte Zeit verschoben worden, der Bundeskanzler zurückgetreten. Von einem Fenster des Gemeindehauses aus wurden einige Reden gehalten, zu Wort kamen der Bürgermeister, überraschenderweise auch der NSDAP-Ortsgruppenleiter und Felix Urstöger, mittlerweile SA-Sturmbannführer. Eine Musikkapelle spielte die deutsche Hymne, noch kannten viele den Text nicht, aber die Melodie der alten österreichischen Kaiserhymne kannte jeder. Am nächsten Tag war der Ort mit Hakenkreuzfahnen geschmückt, und das Gerücht, dass der Führer nach Ischl käme, verbreitete sich. Eine Autokolonne setzte sich in Bewegung, eine Stunde später fuhr man wieder zurück. Der Führer hatte sich nicht blicken lassen.

Bild folgende Seite: NSDAP-Kundgebung in Goisern

1938–1945

Ihre Küsse waren mir als Kind nicht angenehm. Wenn es hieß, wir gehen die Tante Paula besuchen, freute ich mich trotzdem. Es waren wenige Schritte zum Forstner-Haus, früher ein elegantes Kaufhaus mit Spezereien und feinen Stoffen, Delikatessen und bürgerlicher Konfektion. Nun, in den späten 1970er Jahren, lebte Paula allein in ihrem Haus an der Hauptstraße, das Geschäft war verpachtet, die Geschwister lang verstorben. Im Ort sprach man über die alte Jungfer und wer wohl alles erben würde. Sie war die letzte der Kaufmannsfamilie Forstner. Bei unseren Besuchen gab es Kekse und Hollersaft, nebenher lief der Fernseher. In der Veranda stand ein verstimmtes Pianino mit Kerzenleuchtern, auf dem ich manchmal die ersten Takte der Mondscheinsonate spielte, Paula summte mit und schloss die Augen. Ich hatte noch nie ein so altes Gesicht gesehen. Danach durfte ich die Fotografien auf den Kommoden betrachten, der Bruder Karl im Sportcabrio in Italien, die Schwester Lina am Fenster stehend, die Eltern vor dem Geschäft. Auf einigen Aufnahmen war Paula jung, ich erkannte sie kaum, sie aber lachte über mein Erstaunen. Beim Abschied ließ sie uns ungern gehen, küsste mich mehrmals und händigte mir die übrig gebliebenen Kekse aus. Paula hatte eine große Liebe, erzählte meine Großmutter oft, diesen Mann habe ihr der Vater verboten, es war ein junger Lehrer, ein sogenannter Hungerleider, nur ein katholischer Kaufmann wäre für eine Heirat in Frage gekommen. Da an der Angestellten gespart werden musste, standen die Forstner-Schwestern im Geschäft, der Bruder, ein Lebemann, übernahm den Betrieb. Einmal noch verschenkte Paula ihr Herz an einen Mann, nichts brachte sie von ihm ab. Im März 1938 stand sie auf der Straße und jubelte.

Die Machtübernahme

Es war erstaunlich, wie sich alles von selbst ergab. Die Choreografie der Machtübernahme vollzog sich nahezu reibungslos, Polizei und Gendarmerie liefen über, es kam zur sofortigen Schlüsselübergabe des Gemeindehauses und der neue Bürgermeister trat sein Amt an. Aktenbestände aus der Zeit der Illegalität der Nationalsozialisten wurden beschlagnahmt und manches in der Traun versenkt. Noch hatte kein deutscher Soldat oder Parteigenosse den Ort betreten, da funktionierte die neue Verwaltung bereits auf allen Ebenen. Über Lautsprecheranlagen wurden die Bewohner mit Ansprachen der Parteifunktionäre beschallt, mehrmals täglich spielten Kapellen, und auf der Straße bildeten sich Menschengruppen, die sich rege unterhielten. Trotz der guten Stimmung, die den Anschein vermittelte, die ganze Bevölkerung stünde als Volksgemeinschaft hinter den Nationalsozialisten, konnte niemand übersehen, welche Gewaltanwendung sich etabliert hatte. Ab nun wurde mit dem erhobenen rechten Arm gegrüßt, wer dies unterließ, wurde abgemahnt. Sogenannte Denunzianten und

Angehörige der *Systemparteien* wurden verprügelt, einige erwischte es schwer, es kam zu Verhaftungen und Vandalismus. Das Gebäude des Arbeiter-Konsumvereins wurde mit der Aufschrift „Kommunistisches Warenhaus" beschmiert, vor dem Park-Sanatorium, das in Besitz des jüdischen Arztes Anselm Horowitz war, fanden Kundgebungen statt. In Gmunden, so hörte man, wurden Juden gezwungen, auf einem Sessel sitzend eine Tafel mit der Aufschrift „Jude" zu halten, in Ebensee schleppte man den jüdischen Apotheker mit einem Kruzifix in der Hand auf einem Leiterwagen durch den Ort. In Goisern setzte die NSDAP Vertrauensleute ein, jeglicher Widerstand wurde gemeldet, weitere Verhaftungen politischer Gegner standen bevor. In der Nacht fuhren schwere Motorräder und Lastwagen durch den Ort. Um Schlaf zu finden, schlossen die Bewohner die Fenster und zogen die Vorhänge zu. Vor der Volksabstimmung über die „vollzogene Wiedervereinigung Österreichs mit dem Deutschen Reich" im April wurde im Ort die feierliche Erklärung aller österreichischen Bischöfe für den Anschluss plakatiert, beide Kirchengemeinden schmückten sich mit Hakenkreuzfahnen. Der Fahnenstoff wurde knapp. In den meisten Auslagen der Geschäfte standen Bilder des Führers, die Gärtnereien waren bereits ausverkauft. Als am Vorabend der Volksabstimmung die Rede des Reichskanzlers im Radio übertragen wurde, stand das Leben still, Fahrzeuge hielten an, und wer kein Rundfunkgerät hatte, besuchte die Nachbarn. Bis in die Morgenstunden zogen danach

Jugendliche durch den Ort, Juchezer und Trommelwirbel hielten die Bevölkerung wach. „Es gab keine andere Wahl, es war zu spät“, meinten viele, und das Ergebnis sprach für sich. In Goisern stimmten von 3529 Stimmberechtigten 3519 Personen mit *Ja,* es gab 5 Neinstimmen. Um nicht in Verdacht zu geraten, dem Anschluss nicht zuzustimmen, benützte keiner die Wahlkabine. Bis zum Sommer gab es unzählige *Märzveilchen,* so nannte man die in jenen Tagen der NSDAP beigetretenen Parteimitglieder.

Vertreibung und Arisierung

Ob Handwerker, Gewerbetreibender, Bäuerin, Wäscherin, Holzknecht oder Arbeiter, viele sahen in den veränderten Verhältnissen des Frühlings 1938 eine Zeit des Aufbruchs, wenn auch die Euphorie der Parteigenossen nicht ganz geteilt und die soldatischen Töne aus dem Altreich belächelt wurden. Jegliche Zweifel an der Politik der Nationalsozialisten wurden durch Optimismus gedämpft, bei der 1. Mai-Feier hatte der Bürgermeister und Ortsgruppenleiter verlautbart, dass von den 666 Arbeitslosen des Vorjahrs nun alle Arbeit gefunden hätten. Dem konnte schwer widersprochen werden, da eine rege Bautätigkeit durch staatliche Aufträge eingesetzt hatte, die Industriebetriebe wieder einstellten und erste Sommergäste anreisten. Bereits im April riefen die Kurorte des Salzkammerguts zur Entjudung des Fremdenverkehrs auf. Die Gemeinde handelte unverzüglich. Der jüdische Besitzer des Parksanatoriums stammte aus Galizien, hatte im Ersten Weltkrieg als Sanitätssoldat gedient und war nach Wien gegangen, um Medizin zu studieren. Nun wurde ein kommissarischer Verwalter seines Sanatoriums eingesetzt und Anselm Horowitz wurde unter Berufung auf die *Verordnung über den Einsatz jüdischen Vermögens* enteignet. Einer der Kaufinteressenten war ein prominenter Sommergast, der ehemalige General der österreichisch-ungarischen Infanterie Alfred Krauß. Er hatte der Gemeinde in einem Schreiben empfohlen, ein „arisches Kriegererholungsheim" zu errichten und den „jüdischen Besitzer zu beseitigen". Das auf einer Anhöhe gelegene Haus mit achtundvierzig Betten war an die Soleleitung angeschlossen und bot heilsame Solebäder an. In deutschen Zeitungen als „Jüdisches Sanatorium" beworben, hatte Horowitz viele Kurgäste nach Goisern gebracht. Im Wald von Unterjoch fanden sie vor der zunehmenden Entrechtung im Deutschen Reich Zuflucht. Sie reisten in eine Zeit vor den Nürnberger Rassegesetzen, saßen auf Bänken an der Traun, tranken Kaffee in der Gaststätte *Rassingmühle* oder besuchten Konzerte. Spazierten sie durch den Ort, die Damen elegant, die Herren mit polierten Schuhen, unterschieden sie sich von anderen Fremden. Der Aufenthalt der Juden in Goisern wurde von manchen Einheimischen als Müßiggang betrachtet, galt zunehmend als unerwünscht, und die große Sonnenterrasse des Sanatoriums wurde *Judendörr* genannt. Anselm Horowitz gelang es nach Großbritannien zu flüchten, seine Frau Eva, die in Goisern als Zahnärztin praktizierte, und die Kinder kamen nach. Es war August 1938 geworden, das Salzkammergut wurde offiziell zum deutschen Erholungs- und Kulturraum ausgerufen, Goisern galt als judenfrei. Von dem pensionierten General Alfred Krauß, der in der Oberhauser-Villa logierte, zuletzt im Rang eines SA-Brigadeführers und Abgeordneten im Großdeutschen Reichstag, versprach sich die Parteileitung vor Ort Vorteile bei der Umsetzung von Projekten, sie hoffte, durch ihn „oben etwas zu erreichen", wie es der Ortschronist formulierte. Der in deutscher Uniform auftretende Krauß pflegte gute Kontakte zu nationalsozialistischen Kreisen, führte Gespräche mit Göring und wurde vom Reichskanzler empfangen. Doch Ende September 1938 verstarb er überraschend, und Goisern erlebte ein Staatsbegräbnis. Tagelang hielten Militär und SA-Männer die Ehrenwache, hunderte Menschen folgten dem Sarg durch den Ort. Es folgte eine Ansprache des Bürgermeisters, die Trauerreden hielten Arthur Seyß-Inquart, Reichstatthalter der Ostmark, und der General Wilhelm List. Unter Kanonenschüssen wurde der Sarg beigesetzt. Heute noch befindet sich die Grabstelle direkt beim Eingang des evangelischen Friedhofs, auf der Grabplatte ist das Relief eines Adlers mit Eichenkranz zu sehen. Nach 1945 von einer Blumenschale verdeckt, wurde das Hakenkreuz später entfernt. Für frische Blumen wird weiterhin gesorgt. Der vertriebene Inhaber des Parksanatoriums, Anselm Horowitz, verstarb 1950 mit 55 Jahren in Wales, sein Besitz wurde schließlich an die Erben restituiert.

Zur selben Zeit betrieb die Gemeinde ein weitaus lukrativeres Projekt. Die *Goiserermühle,* in alten Reiseführern als „Herrensitz vornehmer Bauart“ beschrieben, war ursprünglich eine Mühle mit Sägewerk, die bereits im Jahr 1600 das Schankrecht erhielt. Der Gastgarten mit Kastanienbäumen am Ufer des Mühlbachs war ein beliebter Ausflugsort der Kaiserfamilie, ein idyllischer Fremdenverkehrsort der ersten Stunde, dem der Sommergast Rainer Maria Rilke das Sonett *An der Goiserer Mühle* widmete. Das Anwesen gehörte Karl und Josephine Schenner, in den Verwaltungsakten der Gemeinde als „Halbjude“ und „gebürtige deutschrassige Goisererin“ bezeichnet. Schenner war der uneheliche Sohn des Sattler- und Tapezierermeisters Adolf Federmann, der 1862 von Murchnow in Böhmen nach Goisern kam. Bekannt als gläubiger *Jude von Goisern,* war er ein gefragter Handwerker, sein Begräbnis im Jahr 1928 blieb vielen in Erinnerung, „diesem Manne hatte der ganze Ort im Tode eine Ehrung bereitet, die wohl einzig dasteht. Scharenweise waren die Bewohner aus dem Orte und der Umgebung herbeigekommen“, berichtete die Steirische Alpenpost. Die Bürgermusik spielte und die Feuerwehr trug den Sarg Federmanns, der auf dem evangelischen Friedhof nach jüdischem Ritus bestattet wurde. Beide Pfarrer des Orts und ein Linzer Rabbiner beteten für ihn, die Glocken der Kirchen läuteten. Die israelitische Kultusgemeinde bedankte sich für die „liebevolle Behandlung, die Federmann stets in Goisern erfahren hat, obwohl er Jude war. Mit Federmann ist ein Stück Altgoisern dahingegangen“, schrieb das Linzer Tagblatt. Zehn Jahre später verlor die Gemeinde keine Zeit, das kinderlose Ehepaar Schenner zu bedrängen, ihren Besitz aus „öffentlichem Interesse“ zu verkaufen, ihnen „konnte die Ausübung des Gastgewerbes auf diesem Besitze weiterhin nicht mehr überlassen werden, weil der Gasthof ‚Goiserermühle‘ mitten im Orte liegt und weil hier die laufenden Kurkonzerte abgehalten werden“. Der Plan war, mit dem Ankauf des Anwesens die Schulden zu übernehmen und den Schenners eine monatliche Rente von nur 300 Reichsmark auszubezahlen. Durch den schnellen Kauf vermied man, einen kommissarischen Leiter aus Linz in die Arisierung einzubeziehen, „da die Gemeinde Goisern als Eigentümerin und sogleich als Verpächterin dieser Liegenschaften die Verwaltung derselben selbst innehat“, so ein Schreiben an die Behörde. Das Geschäft ging Anfang Juni 1938 über die Bühne, und die Gemeinde würde die Hypothek mit niedrigen Zinsen langfristig an die Bank zurückzahlen. Karl und Josephine Schenner zogen in das kleine *Wachterhäusl* Goisern 45, Karls Geburtshaus. Den Gasthof Goiserermühle verpachtete man an einen ehemaligen illegalen Nationalsozialisten. Für die Gemeinde von Interesse waren eigentlich die Grundstücke, „Wiesengründe im Ausmaße von 11 Joch ... der Kauf kann aufgrund der gegenwärtigen Bewertung der Liegenschaften als für die Gemeinde günstig bezeichnet werden, da sowohl der Gasthof als auch die großen Wiesenflächen mitten im Weichbilde der Gemeinde Goisern liegen und daher nicht nur als öffentliche Plätze, sondern auch als Bauplätze verwendbar und notwendig sind", schrieb der Bürgermeister an die Landeshauptmannschaft, und der komfortable Daimler der Schenners sollte zu einem Rüstwagen für die Feuerwehr umgebaut werden. „Die Arisierung beginnt!", schrieb die Salzkammergut-Zeitung Ende Juli 1938, in Goisern war sie bereits vollzogen. Schenner, der *Jude zweiten Grades* verstarb wenige Wochen nach Kriegsende. In Goisern weiß man heute wenig über die Geschichte der *Goiserermühle*, auf deren ehemaligen Grundstücken sich nun Häuser, das Parkbad, die UNESCO-Welterbe-Mittelschule, Parkplätze, das Heimatmuseum und der Kurpark befinden. In der Nachkriegszeit wurden die Geschehnisse anders dargestellt. Die Schulden der Familie Schenner wären eine schwere Belastung für die Gemeinde gewesen, nachdem man den Besitz abgelöst und eine Rente ausbezahlt hatte. 1994 wurden das Hotel und die Gaststätte an einen örtlichen Bauunternehmer verkauft, der die Kastanienbäume fällte, den Gastgarten applanierte, den Spazierweg über das Brückerl am Mühlbach verbaute und einen modernen Zubau mit Seminarhotel errichtete. Den Baugrund dafür erhielt er günstig, dafür verpflichtete er sich, einen neuen Musikpavillon für Sommerkonzerte zu errichten. Darauf wartet man in Goisern immer noch. Das heutige *Wohlfühlhotel Goiserermühle* lädt auf seiner Homepage zu einer Zeitreise ein. „Es war einmal. Ein Hauch von Ewigkeit zieht durch die alten Gemäuer [...] Wenn wir von der sogenannten Zeitgeschichte sprechen, also den jungen Jahren dessen, was wir Historie nennen, dann landen wir ziemlich schnell im Hier und Jetzt [...] Wie reisen wir durch die sich aneinanderreihenden Momente des Lebens? Am besten einfach durch Geschichten. Und durch das, was wir Geschichte nennen. Die Goiserer Mühle ist mehr als nur ein Wort. Auch mehr als ein Ort."

Über Goisern im Nationalsozialismus

Da war der Besitzer eines Trachtenmoden-Geschäfts, der mit seiner Familie nach Polen auswandern wollte, da ihm von der Partei ein Landgut im Osten versprochen wurde. Der Unternehmer, der allen seinen Kindern Namen gab, die mit *H* begannen. Ein evangelischer Pfarrer, der mitansehen musste, wie behinderte Menschen aus dem Pflegeheim abgeholt und in Hartheim ermordet wurden. Die Tochter des Holzhändlers, die einen Tischlermeister und den Mesner denunzierte, feindliche Sender gehört zu haben. Bei meinen Recherchen in den Archiven und in den Gesprächen über die Zeit des Nationalsozialismus ist vieles zu erfahren, manches zu hören. Wer ein *unverbesserlicher Nazi* war, aber auch, wer *nichts getan* hat. Dies bezog sich zumeist auf die Geschehnisse in Goisern, was an anderen Orten geschah, ist unbekannt. In einem Nebensatz wird über den ehemaligen Gemeindearzt erzählt, dass er einem französischen Kriegsgefangenen im KZ Steyr-Münichholz das Leben gerettet habe. Es gab fanatische Illegale, die sich nach Beginn des Kriegs vom Nationalsozialismus abwandten, und unauffällige Zeitgenossen, die an der Front Frauen und Kinder ermordeten. Vielleicht schützte der parteitreue Bürgermeister den homosexuellen Schulfreund vor der Verhaftung, und ein Baumeister begeisterte Jugendliche dafür, sich freiwillig an die Front zu melden. Aktenfunde und Zeitzeugenberichte können individuelles Verhalten in der NS-Zeit partiell belegen, dennoch bleiben Fragen offen. „Der Vater hat mir in die Hand hinein geschworen, dass er wirklich bei keiner Judenvernichtung damals dabei war“, sagt ein Interviewpartner und fügt leise hinzu, „gewusst müssen sie es schon haben“. Recherchen über die Einsatzgebiete und die Akten von Kriegsverbrecherprozessen können den Nachweis individueller Schuld erbringen und sie ermöglichen, Täter von Mitläufern zu unterscheiden, Mittäterschaften zu identifizieren. Die Nennung einiger Namen der an den Verbrechen des Nationalsozialismus beteiligten Goiserer als Teil der Ortsgeschichte wäre aufgrund der Aktenlage bruchstückhaft, exemplarische Tätergeschichten kämen ans Tageslicht, während das Unrecht vieler anderer unerwähnt bliebe. Im Archiv der Republik finden sich etliche nach 1945 eingebrachte Anträge auf Nachsicht der Sühnefolgen nach dem Verbotsgesetz. Lehrer, Gendarmen und

Beamte ersuchten um Amnestie und um Wiederaufnahme in ihren Berufsstand. Darunter ein Bäckergehilfe, der sich bereits als Achtzehnjähriger der SS anschloss, nach dem Verbot der NSDAP 1933 nach Deutschland ging, der Österreichischen Legion beitrat und bei der SS-Standarte im KZ Dachau diente. 1937 kehrte er nach Österreich zurück und wurde wegen Hochverrats zu einem Jahr schwerem Kerker verurteilt. Bei seiner Vernehmung sagte er über die furchtbaren Zustände im KZ aus und wurde dafür nach 1938 von den Nationalsozialisten wegen Landesverrats zu vier Jahren Gefängnis verurteilt, danach im KZ Dachau und bis Kriegsende im KZ Flossenbürg angehalten. Nach 1945 wurde er nach dem Verbotsgesetz aufgrund seiner politischen Tätigkeit vor 1938 angeklagt, obwohl er als KZ-Häftling Inhaber einer Amtsbescheinigung nach dem Opferfürsorgegesetz war. Lebensgeschichten sind komplex, darüber zu schreiben umso schwieriger.

Kriegsbeginn und erste Gefallene

So hatte man sich das nicht vorgestellt. Sämtliche Vereine des Orts, die weiterbestehen durften, wurden in NS-Verbände eingegliedert, die lokalen Feuerwehr-Vereine standen unter militärischem Kommando, während der Arbeiter-Bildungsverein liquidiert wurde. Es gab keine Veranstaltung ohne Propaganda und Auftritte von Parteigenossen, in den Gaststätten fanden sogenannte *Zellenabende* der Ortsgruppe statt, an denen ein „Bekenntnis zum Nationalsozialismus und zu dem von Gott geschickten Führer“ abgelegt wurde. Die Abende waren gut besucht, es gab Freibier und man konnte sich blicken lassen. Die ständig eintreffenden, alle Belange des Orts regelnden Direktiven aus Berlin wurden von der Gemeindevertretung nach Meinung der Bevölkerung allzu eifrig umgesetzt. Verhaftungen von Mitbürgern und die Kriegsrhetorik aus Deutschland führten zu einer Spaltung zwischen radikal eingestellten und pragmatisch gemäßigten Nationalsozialisten. Die politische Haltung konnte kaum verborgen werden, man wusste, wie Schulfreunde und Verwandte über das Hitlerregime dachten, es war bekannt, wer sich eine Parteikarriere erhoffte oder wer sich kritisch äußerte, wer die Kinder unfreiwillig in die Hitlerjugend schickte und wer mit Kommunisten befreundet war. Der Ausbruch des Kriegs verschärfte diese Gegensätze, daran konnten die schnellen Erfolge an der Front nichts ändern. Der letzte Weltkrieg war erst zwanzig Jahre vergangen, und als die ersten Züge mit den Männern des Orts abfuhren, die Maßnahmen einer Kriegswirtschaft eingeführt wurden, kam bei vielen Traurigkeit auf, die von keinerlei Propaganda vertrieben werden konnte. Die von der Lehrerschaft gehaltenen Vorträge über die Verdunklung der Häuser bei möglichen Feindangriffen verbreiteten Angst. Bald wurden Lebensmittelkarten und Bezugsscheine für Bedarfsartikel von den Blockwarten der NSDAP ausgeteilt, Büchersammlungen für die Soldaten an der Front, später Kleidersammlungen für die Ausgebombten organisiert. Eintopf-Sonntage wurden eingeführt, in den Gaststätten wurde nur ein Gericht angeboten, es gab wieder schlechtes Bier und die *deutsche Hausfrau* kochte nach Kriegsrezepten. Als die männlichen Arbeitskräfte in den Krieg ziehen mussten, arbeiteten Pensionisten in den Ämtern, in den Salinen und im Forst, die Hitlerjugend und der Bund Deutscher Mädchen wurden zu Hilfsarbeiten herangezogen, später kamen Kriegsgefangene und Fremdarbeiter in den Ort. Noch läuteten die Kirchenglocken bei den Nachrichten über den erfolgreichen Einmarsch in Belgien und Frankreich, noch war kein Goiserer gefallen, und man setzte große Hoffnung auf den Luftkrieg über London und anderen englischen Städten, er könnte vielleicht das Kriegsende herbeiführen. Dann kamen die ersten Todesmeldungen.

„Ihr sagt, ich sei noch zu jung, zu schade zum Sterben", lautet es in dem Gedicht, das obenauf in der alten Truhe liegt. Darin sind persönliche Gegenstände zu finden, Fotografien, Briefe und Dokumente, Uniformjacke und Kappe, eine Hakenkreuzbinde und Abzeichen, Besteck und Feuerzeug, die Brieftasche und ein Kamm. All das hatte die Familie des am 16.11.1940 in Woodnesborough, Kent, gefallenen Fliegerleutnants Hansjörg Pramesberger aufbewahrt. Er war einer der ersten Toten des Weltkriegs in Goisern. An den Wänden der Bauernstube hängen Fotografien, Hansjörg und die

Modern eingerichtetes Kaufhaus

Josef Forstner/ Goisern 4 u. 5

Tuch-/ Mode-/ Schnitt-/ Delikatessen- und Spezereiwaren-Handlung

Streng reell/ solid und billig

En gros- & en detail-Verkauf

Bestsortiertes Lager in feinsten Kaffees/ Tee/ Rum/ Kognak/ Schokoladen/ Marmeladen/ Medizinalweine und Flaschenweine etc. etc. Als Spezialität: Forstners Kaffeemischung. Verkaufsstelle der berühmten Schärdinger Teebutter + Mineralwässer + Steierisches Mast-Geflügel etc. etc. + Feinsten Aufschnitt.

Größtes Lager in: Wetterkrägen/ Sonn- und Regenschirmen/ Herrenwäsche/ Krawatten/ Dirndlkostümstoffen/ Bauerntücher/ Trikotwäsche/ Schirme/ Gummi-Galoschen/ Läufer und Teppiche/ Ausnäharbeiten/ Schneider-Zugehör/ alle Sorten Bürsten und Kämme. Anerkannt beste und solide Einkaufsquelle.

Fernsprech-Anschluß Nummer 2 interurban

Goisern, den ______________ 191__
(Salzkammergut)

Oben: Das Kaufhaus Forstner

Unten: Hier gab es alles zu kaufen

Oben: Die Goiserermühle mit Gastgarten 1930, Ansichtskarte

Unten: Die Goiserermühle heute mit Anbau

21.	17. Juni 18⁰⁰ Goisern 74	Versehen durch Koop. P. Camillus Huber O.S.B.	Gebärmutterkrebs Bauchfellkrebs Abzehrung T. B. Sch. Goisern v. 19. 6. 1944	20. Juni 13³⁰ kath. Friedhof Goisern Dr. Franz Natschläger Pfarrer.
22	8. Juli 17³⁰ Bad Ischl Kreiskrankenhaus	/	Totenschein wurde keiner beigebracht.	12. Juli 15⁰⁰ kath. Friedhof Goisern P. Camillus Huber, Kooperator
23	18. Juli 21³⁰ Bahnübersetz bei der Goisererbrücke.	/	Selbstmord durch Überfahrenlassen mit der Eisenbahn Tod durch offenen Schädelbruch. T. Schein Goisern v. 20.7.44.	kath. Friedhof Goisern P. Camillus Huber, Kooperator.
24.	12. August 20¹⁰ Goisern 193	Versehen durch Pfarrer Franz Natschläger	Altersschwäche Herzmuskelschwäche Herzlähmung T. B. Sch. Goisern v. 12. 8. ~~19~~ 1944.	15. August 15⁰⁰ Kathol. Friedhof Goisern Dr. Franz Natschläger, Pfarrer.

Maria Freismuth, geb. Marold, kath. Bergarbeitersgattin in Lupitsch, No 24 Altaussee, zuletzt wohnhaft in Goisern 74 verehelicht mit Johann Freismuth.	19. 10. 1888 Trieben in Steiermark und daselbst getauft.	1. Kl.
Eleonore Gunthilde Binder kath. Kind des Franz Binder und der Rosa, geb. Hinteregger, in Klaus 44.	9. 11. 1939 in Klaus 44 und in der kath. Pfarrkirche in Klaus getauft.	2. Kl.
Hedwig Kuschel, kath. Hausmädchen („Ostarbeiterin") in Goisern 14, ledig.	24. 7. 1922 [illegible] (?)	Da der Selbstmord in Sinnesverwirrung begangen wurde, hat das Pfarramt ein einfaches Begräbnis bewilligt mit Aussegnung i. d. Totenkammer.
Dr. Josef Kubinger, kath. Medizinalrat, Bischöfl. Ehrenrat, Ehrenbürger v. Goisern, Arzt i. R. in Goisern 193, Witwer nach Anna Kubinger, geb. Dürnberger	21. 6. 1852 in Moosbach, Kreis Braunau u. daselbst getauft.	1. Kl. a. Dr. Kubinger war lange Jahre Dirigent d. Kirchenchores, hat sich um Beschaffung d. Stahlgeläutes u. der Orgel d. Pfarrkirche große Verdienste erworben, selbst durch bedeutende persönliche Spenden beide Aktionen gefördert, und für den Kirchenchor eine Anzahl kirchenmusikalischer Werke gespendet.
Katholisches Pfarramt Goisern Oberdonau	In fidem publicam: Dr. Franz Natschläger	

Beide: Sterbebuch der Pfarre Bad Goisern (Auszug), Selbstmord der Ostarbeiterin Hedwig Kuschel, 1942

Oben links: Hansjörg Pramesberger als Kind in Obertraun

Oben rechts: Hansjörg Pramesberger als Soldat an der Westfront

Unten: Die Truhe mit Andenken an den 1940 gefallenen Kampfpiloten Hansjörg Pramesberger

Schwester, die Mutter im Dirndl mit dem Sohn, dem jungen schneidigen Flieger. Bereits als Jugendlicher hatte er Segelflugzeuge gebaut, sich von den Bergen hinuntergestürzt, „er war ein wilder Hund, ein Raufer, ein Rüpel", erinnert sich sein Neffe, „er war groß, er war stark, er war der Verteidigertyp". Zunächst besuchte Hansjörg die Lehrerbildungsanstalt, auch sein Vater war Lehrer, und bei Kriegsbeginn meldete er sich als Freiwilliger und überzeugter Nationalsozialist an die Front. Nun bot sich die Gelegenheit, die ersehnte Pilotenausbildung zu machen, im Juli 1940 kam der einundzwanzigjährige Flugzeugführer an der Kanalküste zum Einsatz. Nach dem Sieg über Frankreich stand die Invasion Englands bevor. Die mondhellen Nächte im September waren ideal für Bombardements, wochenlang wurden schwere Angriffe auf London geflogen. Bereits Ende des Monats wurde die Landung auf unbestimmte Zeit verschoben, die Gründe dafür waren die mangelnde Ausrüstung der Kriegsmarine, schlechtes Wetter und eine schwere Niederlage der Luftwaffe über London. Der Angriff auf Russland war bereits in Planung, erste Kampfgeschwader wurden abgezogen. Hansjörg blieb in Frankreich stationiert, die aus diesen Wochen erhaltenen Fotografien zeigen ihn und seine Besatzung, sie studieren Landkarten, stehen lachend am Flugfeld. Sie wussten, dass die Nachtflüge gefährlicher wurden. Mit der Messerschmitt He 111 zu fliegen bedeutete, dreißig Minuten Kampfzeit zu haben und den Rückweg über das Meer mit fast leerem Tank anzutreten.

In Briefen schilderte der Bordmechaniker Ludwig Muegge, wie sie dem Tod einmal entkamen. „Im Sturzflug ging es in die Tiefe, mit dem Ziel auf den Scheinwerferhaufen. Aber schon kamen die knallroten Tomaten aus den Rohren der leichten Flak zu uns hinauf. Wir dachten schon alle, jetzt haben sie uns erwischt und waren auch schon für Blitzmomente mit unseren Gedanken abgestürzt oder in Canada. Und dann huschte unsere brave 111 dicht übers Wasser, der gegenüberliegenden Küste entgegen." Mitte November waren die Nächte wieder hell, die *Operation Mondscheinsonate,* die Bombardierung der Flugzeugindustrie-Stadt Coventry in den West Midlands begann. In der Nacht auf den 15. November 1940 wurden Leuchtbomben zur Markierung, dann Sprengbomben und Luftminen abgeworfen, um die Dächer aufzusprengen. Über fünfhundert deutsche Flugzeuge ließen 36.000 Brandbomben und 500 Tonnen Sprengbomben über der Stadt fallen. Das mittelalterliche Coventry wurde völlig zerstört, 568 Menschen kamen ums Leben, 60.000 Gebäude wurden bei dem Angriff getroffen. Nach dieser Nacht verwendete man den Begriff *coventrieren* für die Vernichtung von Städten, um die Moral des Feindes zu brechen. Ludwig Muegge war mit an Bord, „von dem großen Rüstungswerk ist nur noch ein Trümmerhaufen übriggeblieben und so ein Feuer in dem Ausmaß habe ich noch nie gesehen. Durch den gestrigen Erfolg ist ein Großteil der englischen Flugzeug-Rüstung vernichtet worden und gibt wieder Anlass zu einem baldigen Ende des Krieges mit

England.“ In der darauffolgenden Nacht, Coventry wurde erneut angegriffen, stürzte er mit Hansjörg Pramesberger in den Tod. In den Trümmern des Flugzeugs fand man dessen letzte Briefe, ein Feuerzeug und die Geldtasche. Die Erinnerung an den Sohn und Bruder blieb bis zum Tod derer, die ihn kannten, stets präsent. Seine persönlichen Gegenstände wurden in der Truhe in einem versperrten Raum aufbewahrt, und der Neffe erinnert sich, „es gab ein blaues Zimmer, da durfte niemand hinein, außer zu Weihnachten. Und da sind alle Schätze hineingekommen, der Großvater musste einen Erker bauen, ich habe mich manchmal hineingeschlichen, das war ein heiliger Raum.“ Hans Pramesberger, der seinen Sohn im Krieg verloren hatte, konnte mit der damals üblichen Piloten-Lebensversicherung die Schulden für das Haus abbezahlen. Dies machte ihn zeitlebens traurig. In seinen späten Jahren schrieb er die Erzählung *Eine ganze, runde und unversehrte Welt,* sein Thema war das schwere Leben der Menschen im Goiserer Tal, aber auch deren Lebensfreude, das Juchezen voll Übermut, „als möchten sie sagen: Schön wäre die Welt ..., wenn ...!“

Ostarbeiter und Kriegsgefangene

Die Menschen, die den Betrieben und Haushalten als Arbeitskräfte zugeteilt wurden, waren ganz anders als erwartet. Zunächst verhieß die Ankündigung, dass *Ostarbeiter* in den Ort kommen würden, nichts Gutes. Doch ohne den sofortigen Ersatz der männlichen Arbeitskräfte, die an die Front einrücken mussten, war nicht mehr auszukommen, also suchte man wider Willen um die *fremdländische* Aushilfe an. Bereits vor Kriegsbeginn hatte die Propaganda das Feindbild der *rassisch minderwertigen Slawen* verbreitet, nun bemühte sich die NS-Führung darum, deren plötzliche Anwesenheit im Salzkammergut zu reglementieren, um eine Annäherung an die Bevölkerung so gering wie möglich zu halten. Die Vorschriften waren streng, die Bauern richteten vorab Verschläge ein, die in der Nacht verriegelt werden konnten, es gab Essplätze abseits der Gemeinschaftsstube und Waschgelegenheiten in den Wirtschaftsgebäuden. Die Schlafstellen der Frauen aus dem Osten mussten von den Räumen männlicher Bewohner separiert werden. Nach den Vorgaben der Behörden waren Arbeitsunwilligkeit und jeglicher Verstoß gegen die Sittlichkeit polizeilich zu melden, als darauffolgende Maßnahmen wurde der Entzug der Lebensmittelkarten oder die Einweisung in ein KZ angedroht. So genannte *Ostarbeiter-Erlässe* regelten den Arbeitseinsatz der vor allem im besetzten Polen, in der Ukraine und Weissruthenien zwangsrekrutierten Menschen, die rechtlich wesentlich schlechter gestellt waren als zivile Fremdarbeiter aus dem Westen. Sie bekamen minimale Lebensmittelrationen zugeteilt, hatten ein geringes Einkommen und bei Krankheit völligen Verdienstentgang, ihre Kleidung sollte mit dem Schriftzug *Ost* gekennzeichnet werden. Die Realität sah manchmal anders aus. Bereits nach kurzer

Zeit konnte man sich etwas verständigen, saß gemeinsam bei Tisch, die Türen blieben unversperrt, die Arbeit wurde gemeinsam verrichtet und man lernte einander besser kennen. Vor allem das Schicksal der Frauen sprach sich herum, sie waren in ihren Dörfern an Sammelpunkten zusammengetrieben worden, hatten tagelange Fahrten ohne Verpflegung in geschlossenen Güterzügen über sich ergehen lassen müssen, ohne zu wissen, wohin sie transportiert wurden. Viele kamen in schlechtem Gesundheitszustand an, nun sollten sie schwere Arbeit verrichten. Männliche Zwangsarbeiter wurden oft in Gruppen untergebracht, Frauen hingegen blieben manchmal als Mägde und Haushaltshilfen isoliert, konnten mit niemandem sprechen und waren somit ihren Dienstgebern ausgeliefert. Den gläubigen Katholikinnen unter ihnen wurde die Seelsorge verweigert und der Kirchenbesuch untersagt. Zweimal monatlich durften sie einen Brief in die Heimat schicken. In der Ortsgeschichte des Franz Laimer wird an eine zweiundzwanzigjährige Weissruthenin erinnert, die „höchstwahrscheinlich wegen ständiger besonderer Zumutungen des Dienstgebers" einen Selbstmordversuch verübte, die Mädchen waren „moralisch sehr unverdorben und hielten sehr auf ihre Mädchenehre". Im Archiv des katholischen Pfarramts findet sich ein Eintrag, der offenbar einige Zeit später erfolgte. Das katholische Hausmädchen Hedwig Kuschel, *Ostarbeiterin*, ledig, verstarb durch einen offenen Schädelbruch, „Selbstmord durch Überfahrenlassen mit der Eisenbahn". Da die

Tat in offensichtlicher Verwirrung geschah, wie der damalige Pfarrer meinte, wurde ein einfaches Begräbnis bewilligt. Sie hatte vergebens darum gebeten, ihren Dienstgeber, einen in Goisern beliebten Wirten, verlassen zu dürfen.

Nach den zunehmenden Einberufungen an die russische Front 1942 kamen weitere französische, italienische, belgische, griechische und auch jugoslawische Kriegsgefangene und Zwangsarbeiter an, die in den Aluminiumwerken, in anderen Betrieben und als Holzarbeiter im Weißenbachtal arbeiten mussten. In diesem Winter sah man auch russische Kriegsgefangene, frierend in zerrissener Montur und schlecht ernährt, Eternit-Röhrenstränge in der Soleleitung verlegen. Man brachte die Männer in Waggons, stellte sie zum Appell am Bahnsteig auf und zählte sie durch, in der Dämmerung wurden sie abtransportiert. Und obwohl für die Einheimischen ein Kontaktverbot mit Kriegsgefangenen galt, kein Stück Brot, kein Tabak und keine wärmende Jacke durfte ihnen gegeben werden, verstanden diejenigen, die ihnen zufällig begegneten, dass sie dem Tode nahe waren. Immer mehr Menschen kamen in den Ort, nun auch die eigenen Opfer des Krieges, hunderte verwundete Soldaten, später Evakuierte nach Bombenschäden, zumeist Frauen mit Kindern, dann Vertriebene und Menschen auf der Flucht. Das Ende des Kriegs war noch nicht abzusehen, die örtlichen Parteifunktionäre beschränkten sich auf Durchhalteparolen, redeten neuerdings über den *Endsieg.*

Euphorisch klangen sie schon lange nicht mehr, viele Goiserer waren im Kessel von Stalingrad gefallen oder wurden vermisst. Im Ort hatte man sich an das Zusammenleben mit unterschiedlichen Nationen gewöhnt, und manchmal gingen die jungen Ukrainerinnen sonntags in ihrer Tracht spazieren, Weißrutheninnen und Polinnen hielten sich in der Nähe der Gastgärten auf und hörten der Musik zu, manche verabredeten sich. Zwar mussten alle Fremdarbeiter bei Anbruch der Dunkelheit im Haus sein, auch das Radfahren war untersagt, doch nicht alle hielten sich daran. Belgier trafen Belgier, die Franzosen saßen mit Franzosen beieinander. Als die Landung der Alliierten an den Stränden der Normandie bekannt wurde, sangen sie leise die Marseillaise, berichtet man.

Über Menschen, die man fortbrachte

Der Gemeindebeamte Wilhelm Unterberger hatte sich im letzten Krieg eine Verletzung am Auge zugezogen, darunter litt er sehr. Zwar konnte er seine Arbeit wieder aufnehmen, doch vielleicht war es die Erinnerung an den Moment, als es ihn traf und es ihm dunkel wurde, dass er nicht mehr ganz der Alte war, wie man sich später erzählte. Bei Arbeiten mit schweren Steinen, er trug den alten Bräustadel ab, spürte er eines Tages starken Schmerz, musste nach Wien zur Operation und weiter zu Behandlungen, bis man ihm schließlich das Auge nahm. 1933 wurde er in den Ruhestand versetzt.

Unterbergers Zustand verschlechterte sich, Diagnose Geisteskrankheit, er fantasierte und sprach über Erscheinungen, denen er entkommen wollte. Man fand ihn einmal im Winter an einer zufällig schneefreien Stelle liegend, sonst wäre er in der Landschaft versunken. In der *Ortsgeschichte* ist über seine Aufenthalte in der Landes-Heil- und Pflegeanstalt Niedernhart zu lesen, dann kam er in das Pflegeheim in Goisern, bis er 1943 in Niedernhart „durch den Tod von seinen Leiden erlöst" wurde. In dieser Zeit waren vier weitere Bewohner des evangelischen Pflegeheims abgeholt worden, zu, wie der Chronist Laimer mutmaßte, „Experimenten für Kriegsmittel und Gase". Bald darauf langten ihre Sterbensnachrichten ein, auch ein „schwachsinniges Mädchen", ein „zeitweise Geisteskranker" und ein Knecht, „der war sich bewusst, was geschehen würde", fielen der Euthanasie zum Opfer. Die Nationalsozialisten hatten die Tötung der *Defektmenschen* als Erlösung und als Gebot der *Erbgesundheit* propagiert, in den Schulbüchern jener Zeit wurden Rechenaufgaben für *unnütze Esser* gestellt. Der *schöne Tod,* das bedeutet die altgriechische Tarnbezeichnung *Euthanasie,* lief bereits im Oktober 1939 unter strengster Geheimhaltung an, dies geschah mit der Ermächtigung Hitlers „auf einem Briefbogen der Privatkanzlei des Führers", dass „der Gnadentod" zu gewähren sei. Für *missgestaltete* Neugeborene bestand Meldepflicht, die Ärzte kamen dem nach. Erst nach Protesten der Kirche, die den *Krankenmord* öffentlich verurteilte, wurde die systematische Tötung Erwachsener eingestellt, die Ermordung von Kindern jedoch lief weiter. Sie starben bis Kriegsende durch Injektionen, Nahrungsentzug und Kälte. Eines der beeindruckendsten Dokumente der Geschehnisse in Goisern ist die Erzählung *Der Narr* des Schriftstellers Franz Kain, eine psychologische Studie über die Mittäter und deren innere Nöte, und ein Porträt des Opfers, eine fast zärtliche Annäherung an einen Menschen, der damals verloren war. „Am liebsten stand der Narr unter dem großen Ahornbaum hinter dem Friedhof", er mochte es nämlich, wenn ihm die weichen Blätter des Winterahorns auf das Gesicht fielen und darauf liegenblieben. „Niemand wusste, wie alt er eigentlich war, keiner hatte ihn je jung gesehen, er war seit Jahrzehnten derselbe. Seinem Gesicht fehlte nicht nur das Zeichen des Alters, sondern auch der Ausdruck jeder Empfindung. Wenn er auf den Blätterfall wartete und dabei Tage lang still auf einer Bank saß, die Augen halb geschlossen, dann hätte man sein Gesicht für äußerst beherrscht und ganz und gar durchgeistigt halten können, wie ein Antlitz, das von großen Gedanken in völlige Starrheit versetzt ist", schrieb Kain. Obwohl der *Narr* die Brennnesseln am Friedhof ausriss, kleine Arbeiten verrichten konnte, galt er als *unnützer Esser,* als *Tagedieb,* bis er abgeholt wurde. Auch der ehemalige Wirt der *Rathlucknhütte* Herbert Ellmer beschrieb das Schicksal einer Familienangehörigen in seiner Erzählung *An der Erlenstraße.* Die staubige Schotterstraße war von Erlensträuchern und rotem Pfaffenkappel gesäumt und führt vom Hallstättersee zur Pötschenpass-Straße. Dort stand Fannis Elternhaus. Sie hatte von Geburt an einen zu großen Kopf, den sie beim Gehen mit einer Hand stützen musste. Die Eltern kümmerten sich liebevoll um das Kind, das die Schule nicht besuchen konnte, im Haus half, freundlich war und gut verständlich sprechen konnte. Doch dann waren da „Parolen wie ‚Der Führer braucht nur gesunde Leute im Deutschen Volk' zu lesen", schrieb Ellmer, „solche und ähnliche Ausdrücke hörte man immer öfter. Auch in Goisern." Fanni überlebte den Nationalsozialismus nicht. Der Bürgermeister verständigte die Eltern, „dass es besser sei, wenn die Fanni in einem Heim untergebracht wird. Kurz darauf fuhren drei Uniformierte auf einem Lastwagen beim Haus vor und holten die bereits 24-jährige Fanni ab. Die Mutter konnte ihr nur noch eine Jacke und gute Schuhe bringen." Der Briefträger brachte die Mitteilung über den Tod, ein Lungeninfekt, Sterbeort Hartheim. Der Krieg endete, doch der Schmerz der Eltern hörte nie auf. Fannis Vater war am Wiederaufbau des Konsum-Vereins als Funktionär tätig, ging in Ruhestand und hatte einen kleinen Zuverdienst im Sägewerk. Im Alter wurde er feinsinnig. Auf dem Arikogel, einst eine Kultstätte der Kelten, fand er durch Auspendeln mit einer Schraubenmutter am Bindfaden römische Bronzemünzen, dort baute er eine Sitzbank und schaute mit seiner Frau über den dunklen See auf den Krippenstein. „Es war eine schlechte Zeit", sagte er oft.

Was im Feindesland geschah

Längst hatten die Kinder keinen Überblick mehr über den Frontverlauf, den sie mit Buntstiften in ihre Schulhefte zeichnen mussten. Nach dem Rückzug der Wehrmacht aus dem Kaukasus und der Landung der Amerikaner und Engländer an der Südküste Siziliens im Juli 1943 ließ man es dabei bewenden. Das kupferne Dach der evangelischen Kirche wurde nun abgetragen, Metall gesammelt, stattdessen wurde ein Weißblechdach mit grüner Farbe bestrichen. Der evangelische Pfarrer hatte für den Anschluss gestimmt und sich für die Nationalsozialisten ausgesprochen, nun sprach er leiser, denn das Dorf versank in Trauer. Er las die Totenmessen für die Gefallenen und hörte von denen, die auf Heimaturlaub waren, im Vertrauen Erzählungen darüber, was sich im *Feindesland* ereignete. Die Soldaten hatten Dörfer, Schulen, Wohnhäuser, Kirchen und Synagogen brennen sehen, manche berichteten von den Erschießungen durch die Waffen-SS, marschierten sie doch beim Rückzug an den Massengräbern vorbei.

„Sozialdemokratische Arbeiter und Funktionäre! Schutzbündler! Euer heldenhafter Kampf ist an dem Verrat vieler eurer Führer zusammengebrochen! Zieht daraus die Lehren, her zum Kommunismus!“ Flugzettel dieser Machart verteilte der junge Kommunist Alois Straubinger bereits 1936 und wurde als Gründer der kommunistischen Jugendgruppe Goisern verhaftet. In einer Skihütte las man Lenins

Buch *Staat und Revolution*, auch die Illustrierte *Sowjetunion im Bau*, in Werkstätten verteilte man Propagandamaterial an junge Arbeitslose und schwärmte von den Internationalen Brigaden. Die österreichische Diktatur sollte in eine Regierung nach sowjetischem Vorbild verwandelt, die Lebensbedingungen der Arbeiter endlich verbessert werden. Damals klagte der Staatsanwalt die „ungesetzliche Weise, die Regierungsform und verfassungsmäßigen Einrichtungen in Österreich zu erschüttern" an, und Straubinger erhielt drei Monate strengen Arrest. In der Zeit des Nationalsozialismus setzte nach der Aufdeckung des Kommunistischen Jugendverbands Ischl eine Verhaftungswelle führender Kommunisten ein, besonders in den Industriegebieten des Salzkammerguts wurde deren Widerstand vermutet. Der Gestapo war ein Flugblatt in die Hände gefallen, dessen Spur direkt nach Goisern und Ischl führte. Am 1. März 1941 verhaftete man insgesamt 10 Mitglieder der Gruppe, darunter auch den Forstarbeiter und späteren Schriftsteller Franz Kain. Der neunzehnjährige Alois Straubinger, der zu dieser Zeit als Soldat eingerückt war, wurde in Polen verhaftet und nach Wels überstellt. Zwar hatte er in Goisern eine eigene Gruppe bilden wollen, doch wegen zu wenig Mitgliedern hatte man sich den Treffen der Ischler Gruppe angeschlossen. Viel war Straubinger daher nicht vorzuwerfen, ganz im Gegensatz zu seinem Welser Zellengenossen, dem in Wien wohnhaften Steirer Fritz Schwager, dem die Gestapo den Wiederaufbau der gesamten Organisation zur Last legte, und der vom berüchtigten *Köpflersenat* des Volksgerichts Berlin angeklagt wurde. Straubinger zögerte nicht, das Leben Schwagers zu retten, gemeinsam planten sie den Ausbruch. Mit einer kleinen Eisensäge durchtrennten sie einen Stab des Fenstergitters und verbogen ihn. Gegen Mitternacht sprangen sie in den Gefängnishof, kletterten mit Mühe auf eine vier Meter hohe Mauer, dann sprangen sie auf die Straße, Schwager hinkte, Straubinger zog ihn mit sich. Bei strömendem Regen versteckten sie sich auf der Welser Heide. Die Flucht wurde erst am nächsten Morgen entdeckt, da sie ein Stockerl und einen Kübel auf die Pritschen gelegt und darüber eine Decke gebreitet hatten. Die beiden Häftlinge in Zelle 38 schienen noch zu schlafen, dann aber gingen die Sirenen los. In Vöcklabruck von einem kommunistischen Postangestellten versteckt, tauchten sie für einige Zeit in Wien unter. Straubinger, der eine mittlerweile stark mitgenommene Wehrmachtsuniform trug, kehrte ins Salzkammergut zurück. Nun traf er mit Sepp Plieseis zusammen, der aus einem Nebenlager des KZ Dachau flüchten konnte. Der bei den Steyr-Werken Widerstand leistende Ischler Karl Gitzoller war das dritte Mitglied der Widerstandsgruppe mit dem Tarnnamen *Willy-Fred*. Gemeinsam veränderten sie die Geschichte des Salzkammerguts.

Die Widerstandsbewegung im Salzkammergut

Die Bewegung, die sich ab 1944 im weitläufigen Toten Gebirge versteckte, um ihre Unterstützer nicht weiter zu gefährden und selbst der zunehmenden Verfolgung zu entgehen, hatte ein Ziel. Die Bevölkerung für „die Beseitigung des Naziregimes, dann die Unabhängigkeit Österreichs" zu gewinnen, „es ging nicht um ein sozialistisches Österreich, sondern es ging vor allem um den Sturz der Nazis", sagte Straubinger später in einem Interview. Das schwer zugängliche Versteck, das ihnen ein Revierjäger, dessen Sohn sich dem Widerstand angeschlossen hatte, gezeigt hatte, war eine mit Erdreich und Ästen getarnte Hütte, die bis zu 15 Männern Zuflucht bot. Der Platz, uneinsichtig von anderen Almen aus, bekam den Tarnnamen *Igel*, da dort auch eine Igelfamilie Schutz suchte. Hier oben blieben diejenigen, die aus dem Gefängnis oder dem KZ geflüchtet waren, Soldaten, die von ihrem Heimaturlaub nicht an die Front zurückkehrten oder dem Einrückungsbefehl nicht gefolgt waren, während die in den Betrieben Beschäftigten die politische Arbeit leisteten, sich durch Sabotage widersetzten. Andere Mitglieder der Bewegung stellten Verbindungen her und besorgten Quartiere, darunter viele Frauen, die Lebensmittel für den Untergrund und die Männer am Berg beschafften. Waffentransporte, aber auch die Überbringung von Nachrichten und Lebensmitteln waren lebensgefährlich. Die

Widerstandsbewegung sah bis zuletzt von der Sprengung der Soleleitung oder der Salzkammergut-Bahn ab, lehnte Waffengewalt ab, man wollte die Menschen gewinnen, Terror war keine Wahl. Zu Ende des Krieges nannte man sich *Österreichische Freiheitsbewegung*, im oberen Salzkammergut und dem Ausseerland waren an die 600 Menschen aus allen Milieus und politischen Lagern daran beteiligt. Ohne die NSDAP und ihre Parteigänger direkt anzugreifen, band man deren Kräfte, versetzte sie in Unruhe, ließ sie im Ungewissen, welche Kampfesstärke die Bewegung tatsächlich aufbrachte. Vor allem aber bedeutete sie vielen Menschen, dass es eine andere Realität gab, eine bessere Zukunft. Während der Besatzungszeit kehrten die meisten Mitglieder in ihre Berufe zurück, repräsentative Positionen nahmen sie kaum ein. Von denen, die sich dem Nationalsozialismus nicht widersetzt hatten, wurden die Freiheitskämpfer des Salzkammerguts mitunter als Verräter bezeichnet oder man sprach nicht mehr über diese Zeit. Alois Straubinger setzte sich weiter für seine Ideale ein, zunächst beim Wiederaufbau der Konsumgenossenschaft Salzkammergut, dann als Direktor der Volksbank in Goisern. Im Jahr 2000 verstarb er, ihm gebührte eine Ehrentafel.

Wieder Kriegsende

Je länger der Krieg dauerte, umso mehr wurde das Alltagsleben reglementiert, kriegsgesetzliche Vorschriften traten in Kraft und der Bevölkerung wurde gedroht, sollte sie den Sieg bezweifeln. Als Elisabeth Stadler, Primesberg 8, ein Gedicht rezitierte, „Wir wollen keinen Krieg, / wir brauchen keinen Sieg, / wir wollen ein glückliches Österreich / und eine lustige Hitler-Leich'", wurde sie zu fünf Monaten Kerker verurteilt und kam nur knapp mit dem Leben davon. Nun wurden auch der Bürgermeister und der Ortsgruppenleiter der NSDAP, ein Schuldirektor, einberufen. Ihre Nachfolger griffen hart durch, es kam zu weiteren Anzeigen, zu Verhaftungen und Verhören. Hitlers Mehrfrontenkrieg führte zur Einrichtung von Lazaretten in der Kuranstalt und im Parkhotel, in Gaststätten, Schulen und in den Waisenhäusern. Einige hundert Soldaten und deren Pflegerinnen, bald auch Flüchtlinge und Evakuierte wurden in Goisern untergebracht. Der Fremdenverkehr kam zum Erliegen, Angehörige der verwundeten Soldaten kamen auf Besuch, es kam zu Einquartierungen in Privathäusern. Die letzte Reserve kam an die Front, vor allem die älteren Jahrgänge, die bereits im Ersten Weltkrieg im Einsatz gewesen waren. Da das Benzin knapp wurde, waren die Züge überfüllt, man musste stehend reisen, überhaupt kostete alles große Mühe, die Kriegswirtschaft hatte voll eingesetzt. Werkzeug und Material für Reparaturen waren kaum zu bekommen, da sie für Bombenschäden gebraucht wurden. Die Angst vor Bombenangriffen wuchs, da der Krieg nun in die österreichischen Städte gekommen war. Auch wenn man nicht viel darüber sprach, merkte man die Alarmbereitschaft. Die Angestellten der Gemeinde sollten die Matriken mit nach Hause nehmen, der Ort wurde abends verdunkelt, es gab einen Luftschutzraum in der evangelischen Kirche, Erdbunker wurden gegraben und es war erstmals die Rede vom *totalen Krieg*. Ab Juli 1944 gab es fast täglich zwischen zehn und elf Uhr vormittags Fliegeralarm. Hunderte Bomber und Jagdflugzeuge der Amerikaner kamen über das Ramsaugebirge und den Krippenstein geflogen, „die Flugzeuge glitzerten in der Sonne wie weiße Vögel und hätten ein schönes Schauspiel abgegeben, wenn sie nicht den Tod bei sich getragen hätten", erinnert sich der Dorfchronist dieser Tage. Oft kam der Fliegeralarm zu spät, die Sirene des Feuerwehrdepots war zu leise, die Motoren zu laut, auch gewöhnte man sich daran, und die Flieger, die aus Italien kamen und in den Raum München flogen, waren bereits weit über das Tal hinaus. Manchmal wurden Flugzettel abgeworfen, diese zu lesen war verboten, auf den Wiesen lagen Lametta-Streifchen, die das Radar ablenken sollten. Die Kinder freuten sich zunächst, dann aber durften sie das Haus nicht mehr verlassen. Es kam zu Abwürfen von Bomben auf den Hügeln des Sonnwendkogels, die Zwergkiefern riss es aus der Erde, Fenster gingen durch den Luftdruck zu Bruch, ein Dachstuhl wurde zertrümmert und etliche Hühner schleuderte es durch die Luft. Die Trümmer und Splitter wurden in der Auslage des Kaufhauses Forstner ausgestellt, eine Menschenmenge versammelte sich. Nun wurde der Volkssturm einberufen, alle Männer zwischen 16 und

60 Jahren sollten letzten Widerstand leisten, und in der großen Kälte des Jänner 1945 wurden Übungen zur Grenzverteidigung in der Südsteiermark abgehalten. An einem Samstag kurz vor Kriegsende, es war der 21. April 1945, ging ein Bombenhagel auf Attnang-Puchheim nieder. Die Menschen rannten um ihr Leben, Begleitjäger mit Bordwaffen machten Jagd auf Schutzsuchende, kein Haus blieb unbeschädigt, überall Bombentrichter, am Bahnhof waren zwei Lazarettzüge und Personenzüge mit Flüchtlingen, Frauen und Kindern gestanden. Von 708 Toten konnten nur 208 identifiziert werden. Viele Opfer schienen nicht auf, Fremdarbeiter und Kriegsgefangene starben ebenfalls in den Trümmern der Stadt. Am Tag zuvor war mein damals zwölfjähriger Vater mit seiner Mutter aus dem zerbombten Wien nach Goisern gekommen, ihr Zug stand lange am Gleis, der Bahnverkehr war bereits fast zum Erliegen gekommen, und fast hätten sie die Nacht am Bahnhof in Attnang-Puchheim verbringen müssen. Der Zug bekam Freifahrt, sie entkamen dem Tod. Der Beginn des Ukraine-Kriegs 2022, die Bilder der zerstörten Städte und der verwüsteten Landstriche, die vor den Bomben flüchtenden Menschen, berührten meinen Vater zuletzt tief. Für ihn war wieder Krieg.

Das Regime verfügte letzte Maßnahmen, rief zu *Volksopfern* auf, Kleider, Wäsche, Strickwaren und Stoffabfälle mussten abgegeben werden, die Russen waren bereits in Wien einmarschiert, am 1. Mai verbreitete sich die Nachricht vom Selbstmord Hitlers in Berlin. Weißer Stoff als Zeichen der Kapitulation wurde aus den Kästen geholt, man war auf sich allein gestellt. Die Amerikaner näherten sich Ischl, einen Tag zuvor hatten sie das Konzentrationslager Ebensee befreit und man befürchtete Vergeltungsmaßnahmen. Unzählige deutsche Militärfahrzeuge standen in Doppelreihen von Lauffen bis zur Pötschen, viele versuchten es über Nebenstraßen und Wege, blieben in den Wiesen stecken. Die flüchtende Armee warf alles von sich, Lebensmittel, Gewand und Sprengkörper, all das, was die Flucht erschwerte. In Goisern verschwanden die SS-Posten, die noch einige Tage zuvor auf Deserteure gewartet hatten, in letzter Minute wurde das Standrecht verkündet. „Man wusste nur nicht recht genau, von wem dies ausgehe und was es bedeuten soll", schrieb der Dorfchronist, der die letzten Stunden des Dritten Reichs protokollierte. Die Frauen versteckten sich mit den Kindern in den Wäldern, flohen vor dem vielleicht letzten Widerstand der Nationalsozialisten und Kampfhandlungen im Ort, angeblich stand die Hitlerjugend bereit, die Widerstandsbewegung in den Bergen wartete ab. Weshalb die Amerikaner noch am 7. Mai einen Konvoi, der durch das Goiserer Tal fuhr, bombardierten, weiß man nicht genau, die SS stand auf der Pötschen, doch in Goisern war es ruhig geblieben. Die Bomber zogen eine Schneise der Verwüstung, Fahrzeuge gingen in Flammen auf, Soldaten wurden verletzt und getötet, ein Gebäude wurde getroffen, Pferde verendeten, Bäume brannten. Endlich war der Krieg zu Ende gegangen, die Truppen verstreut, und Millionen Menschen in ganz Europa versuchten, in ihre Heimat zu gelangen. Goisern zählte seine Gefallenen. Ein Landarbeiter durch Lungenschuss in Albanien, ein kaufmännischer Angestellter ertrunken beim Überqueren des Flusses Liza, ein Tischlergehilfe durch Granatwerfer-Feuer in Lettland, ein Bergarbeiter durch Bordwaffenbeschuss in Südfrankreich, ein Salinenarbeiter nach einem Kopfschuss in Russland, ein Tischlergeselle mit Herzschuss nach schweren Gefechten in einem Wald bei Charkow, insgesamt 273 Männer. „Möge eine bessere Welt aus dem Schutt entstehen“, notierte jemand in einer Schulchronik.

Bild folgende Seite: „Schön wäre die Welt“, Hans Pramesberger vor seinem Haus nach dem Krieg

1945 und danach

Tony Meza war gerade 18 Jahre alt geworden, bereits mit Sally verheiratet lebte er in Dallas. Er sparte für ein eigenes Haus und wünschte sich Kinder, als er über den Atlantik gebracht wurde, um zu kämpfen. Für ihn endete der Krieg 1945 in Goisern, und nichts anderes hatte er im Sinn, als nach Texas zurückzukehren. Doch zunächst saß er fest, schrieb lange Briefe an Sally und fuhr Patrouille. Die beiden Buben, die zwölfjährigen Freunde Peter Wisinger und Burkhart Fettinger, die sich ihm in den Weg stellten und Chewing Gum verlangten, schloss er sofort ins Herz. Der Sommer verging, und die drei brieten Forellen über dem Feuer, lagen in der Sonne und Tony erzählte von echten Cowboys und Rodeos. „My boys", sagte er oft, und eines Tages verabschiedete er sich. Im Schreibtisch meines Vaters liegen die gebündelten Briefe aus Amerika, Fotos der Enkel, Reiseberichte und Schilderungen, was sich in der Familie ereignete, Taufen und Hochzeiten. Jahre später besuchten sie sich, meine Eltern reisten nach Dallas, Tony und Sally kamen nach Goisern, er zeigte ihr die hohen Berge und bestellte Salzburger Nockerl beim Zauner. Während der lebenslangen Freundschaft der Männer fragte niemand, was der junge Amerikaner Tony Meza in Europa erlebt, wo er gekämpft und was er gefühlt hatte, als seine Truppe das KZ Ebensee befreite. Und Tony erzählte es nicht. Es war immer Sommer 1945 geblieben, „with my Austrian boys".

Die Befreiung

Heil, heil, rief die Menschenmenge, denn die meisten konnten kein Englisch. Die Amerikaner freuten sich über die Blumen, die ihnen beim Vorbeifahren zugesteckt wurden. Wie jung die Amis waren, darunter *kohlschwarze Buam,* sie hatten Armbanduhren und spielten gern Fußball, erinnern sich die Goiserer an die Maitage 1945, und daran, dass man sich große Stücke aus den Oberschenkeln der Pferdekadaver schnitt, die auf den Straßen liegengeblieben waren. Es gab viel zu tun, man eignete sich Herumliegendes an, Waggons mit Werkzeug standen offen, Buben schoben Motorräder der deutschen Armee nach Hause. Sie ließen sich auf den Reifen der Militärfahrzeuge die Traun hinuntertreiben, es war Frieden. Für die Kinder gab es Kaugummi und Kekse, die Amerikaner quartierten sich in der *Oberhauser-Villa* und der *Goiserermühle* ein, schon nach wenigen Wochen zogen sie ab, nur ein kleines Kommando blieb vor Ort. Zur Sicherheit liefen manche Goiserer einige Wochen lang mit rot-weiß-roten Armbinden herum, Schusswaffen mussten abgegeben werden, man durfte sich nur sechs Kilometer weit entfernen, Angehörige der NSDAP hatten sich bis Mitte Mai zu melden. Die Probleme des Alltags waren enorm, hunderte Flüchtlinge waren im Ort und mussten versorgt werden, Oberschlesier und Sudetendeutsche, dann ehemalige Häftlinge aus dem KZ Ebensee. Die Lebensmittel wurden knapp, Brennholz war schwer zu bekommen und man ärgerte sich über den neuen kommunistischen Bürgermeister Arnolt Bronnen, der bereits auf ein bewegtes Leben zurückblickte: Als progressiver Wiener Theaterautor der 1920er-Jahre arbeitete er zunächst in Berlin mit Bertolt Brecht zusammen, näherte sich dann völkischen rechten Kreisen an, als Schriftsteller kollaborierte er mit den Nazis und machte Karriere, sogar mit Goebbels war er befreundet. 1933 unterzeichnete er das *Gelöbnis treuester Gefolgschaft* für Hitler, doch bald wurde ihm seine vormalige politische Haltung zum Vorwurf gemacht, zumal er als *Halbjude* galt, was er verleugnete und mit erbbiologischen Untersuchungen zu widerlegen suchte. 1943 erhielt Bronnen Publikationsverbot und wurde aus der Reichsschriftkammer ausgeschlossen. Er zog nach Goisern, wo er nun mit der Widerstandsgruppe *Willy-Fred* Kontakt aufnahm und Botengänge verrichtete. Im August 1944 musste der mittlerweile Achtundvierzigjährige, der bereits im Ersten Weltkrieg an der italienischen Front schwer verwundet worden war, zu einem Ersatzbataillon in Steyr einrücken, kurz darauf wurde er als angeblicher *Wehrkraftzersetzer* in Wien wegen Hochverrats angeklagt. Doch es kam zu keinem Verfahren, Bombentreffer hatten die Gerichtsakten zerstört und er kehrte zu seiner Einheit zurück. Bereits im April 1945 war er wieder in Goisern und kein anderer als er fand sich, Bürgermeister zu werden. Weder die Freiheitsbewegung noch die Bevölkerung schenkten ihm Vertrauen, vielmehr wurde er den Amerikanern wegen seiner Englisch-Kenntnisse vorgeschlagen, blieb aber nur zwei Monate im Amt. Ein besonderes Anliegen war ihm die Aufnahme der ehemaligen KZ-Häftlinge in Goisern, ehemalige nationalsozialistische Funktionäre mussten eine Sondersteuer von 10 Prozent ihres Vermögens in die Gemeindekasse zahlen. 1959 starb Bronnen in Ost-Berlin, wo er zuletzt Aufnahme und Schutz fand. Obwohl Bronnen sich später autobiografisch erklärte, den Versuch unternahm, die Wandlungen seines Lebens zu rechtfertigen, blieb er ein Beispiel der Zerrissenheit, die Menschen in jener Zeit erfassen konnte. In Goisern folgte ihm interimistisch ein kommunistischer Werksarbeiter aus Steeg als Bürgermeister, nach den ersten Wahlen im Herbst 1945 stellte sich die traditionelle Mehrheit der Sozialdemokraten wieder ein. Ehemalige Nationalsozialisten durften nicht zur Wahl gehen, die Kommunisten erhielten weniger Stimmen als erwartet und die Christlichsozialen, nun Österreichische Volkspartei, fanden in Goisern keine große Wählerschaft. Die Zeiten des Ständestaats und des Nationalsozialismus hatten Spuren hinterlassen. Vor allem Bitterkeit derjenigen, die sich nun zu verantworten hatten, Enttäuschung, da man der Propaganda geglaubt hatte, Scham, weil es irgendwann zu spät war, sich den Verbrechen entgegenzustellen. Viele empfanden auch Wut, weil sie sich um den Sieg betrogen glaubten. Allen gemeinsam war die Trauer der Hinterbliebenen, die ihre Söhne an der Front, aber manchmal auch Töchter zu Hause verloren hatten. Müdigkeit stellte sich ein.

Entnazifizierung und Aufarbeitung

Die Rückabwicklung der Diktatur in eine demokratische Gesellschaft sollte schnell erfolgen, um alle Kräfte am Wiederaufbau des Landes beteiligen zu können. Zur Abschreckung derer, die noch immer an die nationalsozialistische Idee glaubten, aber vor allem zur Bestrafung der Personen, die sich der Verbrechen mitschuldig gemacht hatten, erfasste man in Goisern zunächst 637 Personen durch Registrierung, dabei unterschied man in Folge 180 Personen, die vor 1938 Nationalsozialisten gewesen waren, von 383 einfachen Parteigenossen und Anwärtern sowie weiteren Personen, die leitende Funktionen ausgeübt hatten oder der SS beigetreten waren. Bald sah man Trupps im Ort, Belastete, die Reinigungsarbeiten auf den Straßen durchführen mussten, davon waren auch etliche Frauen betroffen. Es kam zu Beschimpfungen und Verspottung, an die man sich in einigen Familien bis heute schmerzhaft erinnert. Wer als inhaftierter SS-Mann Waldarbeiten in Goisern durchführen musste, als Hilfsarbeiter tätig war oder arbeitslos wurde, wird namentlich erwähnt, doch wer in Ebensee im Mai 1945 zur Strafe Massengräber ausheben musste oder in einem Kriegsverbrecherprozess verurteilt wurde – das weiß man nicht mehr. Damals vorgeführt zu werden, überhaupt jegliche Entnazifizierung, wurde von vielen als Ungerechtigkeit und Siegerjustiz empfunden. Dazu zählten die Sühneabgaben, der Verlust der Pension, die Entlassungen der Lehrer und der Gendarmen, die Außerdienststellung der Angestellten in den staatlichen Betrieben. Familien gerieten in existentielle Not, die Enteignung von Betrieben gefährdete auch die Versorgung des Orts. Die Gemeinde setzte sich nun dafür ein, Tischlereien, Schneidereien und andere Geschäfte ehemaliger Nationalsozialisten offen zu halten, deren belastete Inhaber so schnell wie möglich als Minderbelastete in die Gesellschaft zu reintegrieren. Noch im Jänner 1946 kam es allerdings zu einzelnen Verhaftungen, etliche Goiserer wurden nach Glasenbach bei Salzburg gebracht, ein Internierungslager, zu Ehren eines im Krieg schwer verwundeten US-Soldaten Lager *W. Marcus Orr* benannt. Hier wurden NSDAP-Mitglieder und Wehrmachtsangehörige in Bezug auf ihre Beteiligung an Kriegsverbrechen und anderen nationalsozialistischen Gewalttaten überprüft. Bis zur Auflösung 1948 durchliefen über 30.000 Personen das Lager, dessen Insassen entweder der Justiz ausgeliefert und Kriegsverbrecherprozessen zugeführt wurden, oder in ihre Heimatorte zurückkehrten. Die Lagergemeinschaft der *Glasenbacher* blieb für manche auch in der Zeit danach bestehen, sie wandten sich bei den ersten Wahlen 1949 zumeist dem Verband der Unabhängigen zu, der zum ersten Mal bei Wahlen antrat, eine Vorläuferorganisation der später gegründeten Freiheitlichen Partei. Auch empfand man die Internierung und die Sühneleistungen als willkürlich, da viele Täter nicht belangt wurden, sich der Verantwortung entzogen und sogar Karriere in der Zweiten Republik machen konnten. In Goisern wusste man über die politische Einstellung der Nachbarn Bescheid, man ließ es dabei bewenden, weil man miteinander auskommen musste, oder weil man selbst involviert war. Im Nachhinein erschien Vielen das Dritte Reich als Zwangssystem, das dem Einzelnen keinerlei Handlungsspielraum gelassen hatte. Andererseits war man „begeistert gewesen von der ganzen Sache, aber viele haben gar nicht gewusst, wo das hinführt", erzählte Hermann Engleitner, der 1946 aus der russischen Kriegsgefangenschaft kam und später Bürgermeister von Goisern wurde. Es war oft Zufall, auf welcher Seite man stand. Er selbst war bei der HJ verpflichtet, und da ihn ein Freund davon überzeugte, sich bei der SS zu melden, stimmte er dem zu. Sein Vater, ein Holzknecht und Sozialdemokrat, weigerte sich, das Beitrittsformular für seinen minderjährigen Sohn zu unterschreiben. „Er hatte eben Lebenserfahrung", habe als Soldat im Ersten Weltkrieg gesehen, „wohin es führen konnte", sagte Hermann Engleitner. Damals wollte er unbedingt zum Afrika-Korps des von der Kriegspropaganda glorifizierten General Rommel, dessen militärische Erfolge die Jugend begeisterten. Die im Goiserer Kino gezeigte Deutsche Wochenschau, die den *Wüstenfuchs* im Ledermantel, mit Fernglas und Staubbrille in seinem gepanzerten Befehlswagen stehend zeigte, sollte von den Verlusten an der Ostfront ablenken, den Krieg weiterhin als Siegeszug darstellen. Doch Engleitner wurde in Frankreich und dann in Russland eingesetzt, in Gefangenschaft musste er in Ostpreußen schwere Zwangsarbeit bei der Umnagelung der Spurbreite der Eisenbahn verrichten. Die Gefangenen arbeiteten im Winter mit bloßen Händen, Werkzeug gab es kaum. Viele gingen daran zugrunde. Nach seiner Heimkehr wurde er Betriebsratsvorsitzender im Elektrodenwerk Steeg, und seine politische Laufbahn begann. Er hatte nicht vergessen, dass auch er dem Nationalsozialismus nahegekommen war. Wer in den folgenden Jahren die SPÖ wählte, war willkommen, viele der ehemaligen Nationalsozialisten stimmten nun, wie schon vor 1934, sozialdemokratisch. „Viele aus Glasenbach sind rot geworden", erinnert man sich, und „damals vor 1938 hieß es entweder Sozi oder Nazi, so war es in Goisern. Und heute: Entweder Sozi oder Freiheitlicher." Die stille Amnestie erwies sich als die effektivste Entnazifizierung, denn sie bedeutete eine Normalisierung der Verhältnisse, die Akzeptanz der demokratischen Verhältnisse in der Hoffnung auf das Vergessen des Geschehenen. Die Schuldfrage ließ man außen vor.

Die Fremden gehen

Im Haus meiner Familie in Goisern kam alles wieder an seinen Platz. Die Messingbetten wurden zu einem Ehebett zusammengeschoben, die Gesellen trugen die Möbel durch das Haus, den Nusstisch in das Eckzimmer, das Sofa in den zweiten Stock. Die Waschfrau holte die viele Wäsche. Es fand sich Blechspielzeug, ein Pferd mit Reiter in deutscher Uniform, ein Panzerwagen mit Besatzung, ein Sanitäter. Der Bub hat es verloren, dachte meine Urgroßmutter Anna, ich behalte es für ihn auf, aber spielen würde er wohl nicht mehr damit. Es war Ende Mai 1945, und die im letzten Kriegswinter mit ihrem Sohn im Haus einquartierte Helene nach Linz abgereist. Deren eigene Wohnung in Linz war noch nicht betretbar, erst im Dezember war eine Bombe vom Dach bis in den Keller gefallen, in der Küche stieg man ins Nichts und konnte den Himmel sehen. Als Anna von der bevorstehenden Ankunft einer Frau aus Linz mit ihrem Sohn erfuhr, hatte sie den beiden ein geräumiges Zimmer im Haus eingerichtet, den alten Ofen in Betrieb genommen, Brennholz hatte man durch das Servitut der Bäckerei genug. Der kleine Bub liebte das in warme Milch getunkte Brot, den Kaiserschmarren mit Hollerröster, den ihm Anna zubereitete. Von ihrem Mann an der Front bekam Helene seit längerem keine Post mehr, man hatte ihm in einem Feldkrankenhaus das Bein bis zur Hüfte abgenommen. Er habe an Hitler geglaubt, das war der Preis, sagte sie und musste weinen. Mit der Zeit freundeten sich die beiden Frauen an, die junge Mutter und die alte Frau. Oft gingen sie an der winterlichen Traun spazieren, pflückten letzte Hagebutten, schön wäre die Welt, sagten sie sich. Abends hörten sie Schlager und tanzten in der Küche. Helene hatte ein Radio aus Linz mitgebracht, um über den Frontverlauf hören zu können. Nachdem die Lazarette in Goisern trotz der täglichen Siegesmeldungen aus Berlin überfüllt waren, immer mehr Todesnachrichten einlangten, hörten sie Feindsender, aber erst wenn alle im Haus schliefen. In einer Kammer des Bäckertrakts war ein belgischer Fremdarbeiter untergebracht, und der Pächter der Bäckerei war Parteigenosse. Sie verdunkelten die Fenster, wie es der Zivilschutz vorgab, tranken Doppeltgebrannten und sahen Tag für Tag das Ende näher kommen. Im Ort ging man noch gegen Volksverräter vor, einige Nationalsozialisten riefen nach der Todesstrafe, sie alle behaupteten nach dem Krieg, nie wirklich dabei gewesen zu sein. „Schnaps ist gut gegen Cholera“, meinte Anna. Nun, nach ihrer endgültigen Abreise nach Linz, ließ Helene das Radio in der Küche stehen. „Damit du immer tanzen wirst“, sagte sie ihrer Freundin beim Abschied. Mein Vater erzählte oft über seine Großmutter Anna, dass sie auch im hohen Alter keine Musik hören konnte, ohne mit den Beinen zu wippen. Ging die Bürgermusik am Haus vorbei, riss sie die Fenster auf und dirigierte mit, kein Fest im Ort, das sie nicht besuchte, kein Jubiläum, an dem sie nicht mit Goldhaube und Schirm erschien. Obwohl sich ihr Mann das Leben genommen hatte, ihr ein Kind vom Wickeltisch gestürzt und verstorben war, der einzige Sohn Leopold vier Jahre im Ersten Weltkrieg kämpfen musste, ins Ausland ging und allzu lange Zeit nicht nach Hause kommen wollte, blieb sie heiter. Wer am Haus vorbei ging, wurde angeredet, nachmittags saßen Nachbarinnen in der Küche, stand ein *Roaserl* nach Ischl bevor, war sie glücklich. Sie fuhr mit den evangelischen Frauen nach

Rom, von Venedig schwärmte sie, Meran hatte das richtige Klima, Berge und Oleander. Einmal buchte sie einen Flug in einer offenen Messerschmitt von Salzburg nach München, sie wollte die Welt von oben sehen. Im Haus gibt es eine Fotografie, Anna im Wetterfleck mit Fliegerbrille. 1947 erkrankte sie und wurde in das Ischler Krankenhaus gebracht. „Morgen fahren wir mit dem Fiaker zum Zauner und essen eine Erdbeerroulade", sagte sie noch zu meinem Vater und schlief ein.

Ehemalige KZ-Häftlinge in Goisern

Es gibt Begegnungen, die zur Zeitzeugenschaft werden. Manche Goiserer, die 1945 noch Kinder waren, erinnern sich an die im Ort einquartierten KZ-Überlebenden von Ebensee. Sie erzählen über die Männer, die durch den Ort gingen und um Brot baten, „die haben die Anzüge gehabt, blau-weiß gestreift, denen hat man was zu essen gegeben, der hat Äpfel gekriegt oder Brot, das haben wir ja gehabt. Die haben so schlecht ausgeschaut, die sind dankbar gewesen, die waren abgemagert bis auf die Knochen. Die haben nichts zu essen bekommen im Stephaneum". Einige der befreiten Häftlinge ließen sich auf den Bänken an der Traun nieder, saßen unverwandt da. In den letzten Kriegswochen waren Evakuierungstransporte mit völlig entkräfteten Häftlingen aus Mauthausen und den Vernichtungslagern im Osten in Ebensee eingetroffen. Das mörderische

Arbeitslager wurde zum Sterbelager, Verpflegung und medizinische Versorgung waren zusammengebrochen. Die US-Armee fand auf dem Gelände etwa tausend Tote vor, unzählige Menschen lagen im Sterben. Obwohl Goisern mit Flüchtlingen, Kriegsversehrten und ausgebombten Familien überfüllt war und Lebensmittelknappheit herrschte, nahm man im Laufe des Jahres einige hundert derjenigen auf, die Unterkunft und medizinische Hilfe am dringendsten benötigten. Viele, die bereits wenige Tage nach der Befreiung des Lagers in Goisern ankamen, waren kaum mehr bei Bewusstsein. Sie hatten vergessen, wer sie waren. Als die Militärlazarette nach Ischl verlegt wurden, blieben im Durchschnitt 250 ehemalige Häftlinge in Goisern zur Pflege. Und obwohl man über die Verbrechen in dem wenige Kilometer entfernten Ebensee Bescheid wusste, folgte dem Erschrecken über den Zustand der Häftlinge ein gewisses Misstrauen. Manche fürchteten eine Ansteckung mit Tuberkulose, andere empfanden möglicherweise aufgrund ihrer ehemaligen Parteizugehörigkeit eine Abneigung jenen gegenüber, deren Gegenwart Zeugnis über das Geschehene ablegte. Auch die NS-Propaganda wirkte fort, Gerüchte über kriminelles Verhalten und Schleichhandel, aber auch antisemitische Stereotype traten zutage. Es ginge den *KZ-lern* glänzend, sie hätten mehr Geld als die Einheimischen, könnten sich ohne Weiteres eine Miete leisten, würden bei der Lebensmittelzuteilung bevorzugt. Manche sagten später, Juden stahlen Knoblauch aus den Gärten,

Links: Tony Meza, amerikanischer Besatzungssoldat in Goisern, 1945

Unten: KZ-Häftlinge in Goisern, 1945

Oben: Meine Urgroßmutter Anna Wisinger bei einem Umzug in Goisern

Unten: Anna Wisinger (mit Brille) und ihre Freundin Berta Fettinger im Flugzeug nach München, 1939

Oben: Die Rauscher Seff kannte jeder im Ort

Links: Das *Schottenweib* Theresia Lichtenegger

Links: Anna Wisinger mit ihrem Enkel Peter Wisinger, 1935

Unten: Mein Vater Peter Wisinger vor dem Haus, Sommer 2022

verunreinigten Türschnallen mit Speichel, um andere anzustecken. Man wollte sie möglichst schnell loswerden, befürchtete Brandlegungen, die Amerikaner stellten Posten zur Bewachung auf. Die in der Mädchenhauptschule, im evangelischen Waisenhaus und im Stephaneum untergebrachten Männer kamen aus Polen, Russland und Ungarn, der Ukraine, Italien, Litauen, Rumänien, Griechenland, Frankreich und Tschechien, wenige darunter waren Juden. Wer konnte, verließ Goisern, nur die Kranken blieben da. In diesen Jahren rodete man ein Waldstück beim katholischen Friedhof, um die Verstorbenen beerdigen zu können. Insgesamt verstarben 111 Menschen an den Folgen der Haft, ihnen war nicht mehr zu helfen. 1951 wurden sie exhumiert und in den Ebenseer KZ-Friedhof verlegt, einige konnten in ihrer Heimat bestattet werden. Im alten gotischen Bereich der katholischen Kirche gibt es zwei Fenster, die an die gefallenen Goiserer des Ersten Weltkriegs erinnern. Nun soll das *Fenster der 100* für die in Goisern verstorbenen Häftlinge aus Ebensee gestaltet werden. Der Pfarrer berichtet vom Widerstand gegen das Kunstwerk der Linzer Künstlerin Elisabeth Plank. Dem ist eine der vielen Eintragungen im Sterbebuch 1945 entgegenzusetzen. Person: männlich, aus Rumänien, zuletzt im KZ Ebensee in Haft. Todesfall am 13. Juli 08:35, beidseitige Lungentuberkulose sowie Darmentzündung und Kreislaufversagen, Begräbnis am 14. Juli am katholischen Friedhof Bad Goisern, Alter: 18 Jahre.

Wirtschaftsaufschwung und Generationenwechsel

Es war Einkaufen in einer anderen Zeit. Und solange es Bedeutung hatte, *in den Verein zu gehen,* bestand die Konsumgenossenschaft Salzkammergut, die unmittelbar nach dem 2. Weltkrieg mit Sitz in Goisern gegründet wurde. Die Idee, Lebensmittel möglichst günstig an die Bevölkerung abzugeben, die Gewinnspannen der Händler zu minimieren und den in der Zeit des Nationalsozialismus aufgelösten Arbeiter-Konsumverein weiterzuführen, war äußerst erfolgreich. Immer mehr Filialen, früher *Abgabestellen* der Waren, wurden eröffnet, im Zentrum von Bad Ischl sogar ein Warenhaus mit Textil-, Haushalts- und Eisenwaren. In den 1960er-Jahren veränderte sich der tägliche Einkauf, die Nachkriegsgesellschaft war zu etwas Wohlstand gekommen und viele Kunden wollten unter verschiedenen Produkten wählen, diese selbst aus den Regalen nehmen und Preisvergleiche anstellen. Die Selbstbedienung kam auf, man nannte sich *Konsum-Markt,* vergrößerte die Verkaufsflächen und erwirtschaftete gute Gewinne. Neues Flaggschiff war der *KGM-Konsum Großmarkt* in Bad Ischl Sulzbach, ein erstes modernes Einkaufszentrum mit großem Parkplatz. In Goisern wurde das Zentrallager errichtet. Als ab 1977 die meisten regionalen Konsumgenossenschaften zum *Konsum Österreich* fusioniert wurden, weigerten sich viele Bürgermeister, der Obmann und die

Funktionäre der Konsumgenossenschaft Salzkammergut, ihre Eigenständigkeit aufzugeben. Die historische Bedeutung der Selbstverwaltung, die sich der Zentralisierung widersetzt, schien den lokalen Genossenschaftern wichtiger als die in Aussicht gestellten Großhandelspreise. Und das Konzept funktionierte. Bis 1991 verdoppelten sich die Umsatzzahlen der Konsumgesellschaft Salzkammergut, doch die Gerüchte über die finanziellen Schwierigkeiten des *Konsum Österreich* und dessen darauffolgende Pleite 1995 wirkten sich massiv aus. Der *Konsum Österreich* war mit seinen über 700.000 Mitgliedern neben der Gewerkschaft eine der historischen Errungenschaften der Sozialdemokratie, und das allgemeine Vertrauen in deren wirtschaftliche Fähigkeiten verlor sich zusehends. Damit nicht genug, die Verlustgeschäfte nach riskanten Spekulationen der Gewerkschaftsbank Bawag in Milliardenhöhe, die zu Lasten der Gewerkschaftsmitglieder und Steuerzahler gingen, enttäuschten weite Teile der Arbeiterschaft. Dies hatte auch auf lokaler Ebene weitreichende Folgen. Viele Kunden blieben den *Konsum*-Märkten im Salzkammergut fern, neue Mitglieder ließen sich nicht mehr anwerben, manche dachten, dass es in ihrer Filiale bald nichts mehr zu kaufen gäbe oder das Angebot nachlassen würde. Der Negativwerbung versuchte man mit neuem Logo und Flugblättern zu begegnen, doch Reformen blieben aus, Immobilien im Besitz der Genossenschaft wurden verkauft und dann erneut teuer angemietet, dazu kamen zahlreiche Eröffnungen von

Supermärkten an den Umfahrungsstraßen. Konzerne bekamen nun die besten Plätze, die Flächenwidmungspläne der Länder unterstützten diese Entwicklung. Als die Bundeswettbewerbsbehörde aktiv wurde, hatten die Handelsriesen bereits alle Rabattschlachten gewonnen und die Konsumgenossenschaft konnte nicht mehr konkurrieren. Die Geschäfte in den Ortschaften wirkten altmodisch, die Jungen fuhren am Heimweg von der Arbeit bei den Supermärkten vorbei. Als letzter Rettungsversuch wurden der Wareneinkauf und die Logistik an *ADEG* abgegeben, Bekleidung und Eisenwaren kamen aus dem Angebot. Dann folgten Filialschließungen und Mitarbeiterabbau, bald gab es nur mehr elf Läden, zwei davon in Goisern. Offene Lieferantenrechnungen lösten schließlich die Insolvenz aus und der *Unimarkt* übernahm den *Konsum-Markt* Bad Goisern. Die an die 3000 für die Pleite haftenden Genossenschafter im Salzkammergut erhielten eine Zahlungsaufforderung von 145,30 Euro, davon betroffen waren auch Mindestrentner und Pflegeheimbewohner, sogar die Nachkommen von 400 Verstorbenen erhielten Post, da Genossenschaftsanteile und Haftungen in Österreich vererblich sind. Eine Unterstützungsaktion für Betroffene in Form von Gutscheinen wurde angekündigt. An die grünen *Konsum-Salzkammergut*-Schilder erinnern sich heute noch viele, die jahrzehntelang beim *Konsum,* ihrem Verein, gearbeitet und gekauft hatten. Sie träumen von einer Preisregulierung durch selbstverwaltete Lieferketten, dem

Einkommen gemäßen Lebenshaltungskosten und gerechten Wirtschaftsstrukturen. Langsam wurden die Zeiten besser. Bald ging niemand mehr zum Bahnhof, um nach Heimkehrern Ausschau zu halten, von den im Jahr 1945 im Feld vermissten Soldaten kam keiner zurück. Die nach und nach heimkehrenden Kriegsgefangenen litten an Mangelerscheinungen, erkrankten, viele von ihnen verstarben zu früh. Den *gefallenen Söhnen* stellte der Kriegsopferverband zwei Obelisken auf, in der Antike Symbol der Verbindung der Hiesigen mit der Götterwelt. Auf dem Hohen Kalmberg und dem Sarstein wurden Gipfelkreuze zum Gedenken errichtet. Eine ritualisierte Würdigung der Toten setzte ein, die Kapellen marschierten, Salutschüsse wurden abgegeben, Kränze niedergelegt. Manchmal lasen Fremde, die den Ort besichtigten, die Namen der jungen Männer, das Jahr ihres Todes, die Ortschaft, aus der sie stammten. Der Platz vor dem Denkmal verwilderte etwas, obwohl er von der Gemeinde gepflegt wurde, der Stein setzte Patina an. Später wurde unmittelbar neben der Gedenkstätte ein Kino eröffnet, die Jugend traf sich unbekümmert. In den Schulen endete die Geschichte mit dem Ersten Weltkrieg und zu Hause sprach man nicht darüber. Die Geschäfte im Ort liefen an, man war wieder sportlich, die Vereine kamen in Schwung. Es gab nun eine Skisprung-Schanze, Naturrodelbahnen, einen Sessellift und Höhenwege. Bald herrschte der Glaube vor, den Wirtschaftsaufschwung allein geschafft zu haben, die Besatzungszeit, der Marshall-Plan und der Umbau zu einer demokratischen Gesellschaft durch die Entnazifizierung wurden im kollektiven Gedächtnis ausgeblendet. Zwischen 1946 und 1950 verdoppelte sich in Österreich das reale Bruttoinlandsprodukt, lag 1951 bereits ein Drittel über dem Vorkriegsniveau. 1955 hatte die Marktgemeinde Goisern 6000 Einwohner und hieß fortan *Bad Goisern*.

Erinnerungsarbeit vor Ort

Die Vergangenheit wurde museal entsorgt. Der 1946 in Goisern gegründete Verein Heimathaus organisierte eine Ausstellung mit Exponaten alter Volkskunst, die mit einer Singspiel-Gruppe mit Texten vom *Wöfö* eröffnet wurde, aber auch mit den Gedichten Franz Stelzhammers, eines wüsten Antisemiten des 19. Jahrhunderts, der Verfasser der bis heute gesungenen oberösterreichischen Landeshymne. Zu sehen waren Trachten, Hausinventar, Truhen, Viehkränze vom Alm-Abtrieb, Gegenstände des Faschingsbrauchs, Schützenscheiben und ein alter Globus aus dem Jahr 1860. Das Schuhmachergewerbe und die Geigenmacherei wurden präsentiert, aber auch die Entwicklung des Fremdenverkehrs und die Geschichte der Konsumgenossenschaft. Eine botanische Sammlung und Teile des Deubler-Nachlasses ergänzten die Schau. Noch war kein geeigneter Raum für eine Dauerausstellung gefunden, so zeigte man das lose zusammengetragene historische Erbe nur einige Wochen lang, dies mit gutem Zulauf. 1954 wurde der Heimatverein gegründet, der das nunmehrige Heimatmuseum betreibt. 2023 sorgte eine Kunstaktion für Aufregung. Als Projekt der Europäischen Kulturhauptstadt ließ der Wiener Künstler Alfredo Barsuglia mitten in Goisern eine Grube ausheben und ein komplett eingerichtetes Wohnzimmer unter dem Titel *Vergrabung* mit Erde verschütten. Das Mobiliar, Dekoration, Teppiche und Geschirr wurden von der Bevölkerung zusammengetragen, Handwerk und Heimatliches, Kostbares und Unbedeutendes, Altes und Neues. Nach einem Jahr sollte das Zimmer wieder ausgegraben werden, eine archäologische Intervention, vielleicht Erinnerungsarbeit. Reflexartig stellte sich Protest ein, man solle doch stattdessen die typische Kultur aus der Region fördern. Genau dies aber ist dem Künstler gelungen.

Generationenwechsel

Es war ein Kommen und Gehen. Die Geburtenrate nahm zu, viele derer, die noch die Kaiserzeit erlebt hatten, verstarben. Einer, der das alte Goisern in Bildern festhielt, war Paul Elßenwenger. Der 1875 als Sohn eines Buchbinders geborene Paul besuchte die Hochschule für Bodenkultur und die Kunstakademie, erlernte den Beruf des Fotografen. Aus dem Ersten Weltkrieg zurückgekehrt, begann er sich ausschließlich seiner Malerei zu widmen. Er setzte in vielen seiner Aquarelle den Farben des Orts ein Denkmal, der Mischwald im Herbst, der Blick über die Wiesen, die Grautöne des

Gebirges, der See und das Licht. Auf den ersten Blick: Goisern. Paul Elßenwenger malte mit dem Element des Tals, dem Wasser. Es war ihm ein Anliegen, dass auch die damals *Minderbegüteten* ihr Haus mit Kunstwerken schmücken konnten, seine Bilder sind heute noch im Besitz der Goiserer. Auf die Frage, weshalb er nicht auf dem Kunstmarkt reüssierte, sagte er deutlich, „ich arbeite für mich und bin sehr zufrieden, wenn ich hier und da die Empfindung habe, das ist mir wohl gelungen“. Paul Elßenwenger starb 1950. Es war eine Übergabe der Generationen im Gange. Im selben Jahr wurde Wilfried Scheutz geboren, seine Mutter eine Wirtin, die in der Küche sang und den Beat auf den Topfdeckeln schlug. Sie führte das Gasthaus *Zum Gamsfeld*, ein beliebter Treffpunkt der Musikanten des Orts. Wilfrieds Großvater war ein Zimmermann – und leidenschaftlicher Musiker. Sein Enkel trug die Goiserer Musik unverkennbar weiter. Im Jahr 1950 wurde auch Jörg Haider in Goisern geboren, sein Elternhaus wiederum blieb von der Zeit des Nationalsozialismus geprägt, „als ich fünf Jahre alt war, haben mir meine Eltern gesagt, dass sie 1945 überlegt hatten, sich umzubringen“, sagte er einmal. Der Vater ein Schustergeselle, Illegaler, Juli-Putschist, Gaujugendverwalter der Deutschen Arbeitsfront, Wehrmachtssoldat, später *Glasenbacher*, dann Obmann des örtlichen Verbands der Unabhängigen, dann der FPÖ in Goisern. Jörg Haider konnte sich von diesem Milieu niemals lösen, in seinem politischen Denken folgte er den familiären Prägungen bis zuletzt. Die

Geschichten im Ort sind miteinander verwoben. Die Familie väterlicherseits des Musikers Hubert Achleitner, der 1952 geboren wurde, flüchtete aus dem Sudetenland, und es war ein Verwandter Jörg Haiders, der mithalf, dass die Familie in Goisern bleiben konnte. Der weltenreisende Traditionalist Hubert von Goisern blieb seinem Heimatort, der Landschaft, den Menschen und ihrer Musik, nicht nur namentlich verbunden.

Und dann gibt es da ein Bild, es taucht immer wieder in den Fotosammlungen auf. Eine unscharfe Fotografie zeigt eine Frau in alter Goiserer Tracht mit breitkrempigem Hut, über die man erzählt, dass sie über ein halbes Jahrhundert lang durch Goisern gegangen war und Topfen verkaufte. Das *Schottenweib* Theresia Lichtenegger verstarb 1952 mit 93 Jahren, sie kannte sich im Ort aus, hatte alles mitangesehen, ihr hätte man begegnen wollen.

Epilog

Das Haus und der wilde Wein sind in hundert Jahren zusammengewachsen. Spätestens Anfang Juni, nach dem Austreiben der jungen Blätter, band mein Vater die obersten Verzweigungen mit Spagat hoch, dann stellte er die alten Korbsessel und den Tisch auf den Balkon. „Die Saison kann beginnen", sagte er, und damit meinte er die lauen Abende mit Blick auf die Kalmberge und den Gesang der Amseln, der ihn ein wenig melancholisch machte, weil er dabei an das Ende des Sommers denken musste. Über sein Goisern hatte er immer etwas zu sagen, auf seinen täglichen Rundgängen nahm er alle Veränderungen wahr, da fehlte eine Bank, dort war ein Weg zugewachsen und ein Wirtshaus geschlossen worden. Die Mopedfahrer machten zu viel Krach und die Autos fuhren ihm viel zu schnell durch den Ort. Den Winter verbrachte er gerne in der Nähe von Wien, „das Dorf ist mir zu dunkel", sagte er, doch sobald die Nächte kürzer wurden, dachte er an die schneebedeckten Berge und die grünen Wiesen zu

Ostern. Wenn es regnete und die Amseln nicht sangen, ordnete er alte Fotografien und Briefe, nichts im Haus durfte verloren gehen, er war ein Kriegskind gewesen, und sogar die rostige Badewanne im Keller blieb stehen. Schwer vorstellbar, dass sich hier jemand entkleidete und badete, doch gab es heißes Wasser, das mit einem kleinen Holzofen erhitzt wurde. Ein Gehstock mit Elfenbeingriff, die Goldhaube seiner Großmutter Anna, das Halsband mehrerer Generationen des Dackels Putzi, das Schild „Roggenbrot - saftig und frisch", alles wurde aufbewahrt. In seinen letzten Tagen fragte er mich oft, wo die Schlüssel zum Haus seien, denn es wäre bald so weit, Goisern würde schon auf ihn warten.

Goisern heute

2023. Das Dröhnen des Durchzugsverkehrs der Salzkammergutstraße, die Goisern umfahren sollte, in den 60er Jahren aber mitten durch das Ortsgebiet gebaut wurde, setzt frühmorgens ein. Von den oberen Ortschaften kommend, drehen sich die Fahrzeuge im Kreisverkehr, auf den Futterwiesen der Vorfahren stehen Konzern-Supermärkte, die knorrigen *Mostbirndl*-Alleen und die schmalen Radwege sind zu Parkplätzen geworden. Etliche Häuser liegen direkt an der B145, wer es sich leisten konnte, siedelte vor Jahrzehnten um, doch wer das Elternhaus nicht aufgeben wollte, der blieb und wohnt nun im Lärm der *Auspendler*, des Lokalverkehrs, der zehntausenden PKWs der Touristen und der schweren Lastwagen. Um die Natur des Inneren Salzkammerguts genießen zu können, zweigt man besser ins bergige Grün des Tals ab oder steigt aufs Gaspedal und fährt in der Kolonne Richtung Ausseer-Land und Hallstatt – und zurück. Je nach Jahreszeit sind Skifahrer, Bergsteiger, Besucher des Salzbergwerks oder der Kaiserstadt sowie Urlauber, die mit dem E-Bike auf Almen fahren, unterwegs. Der See ist für Badegäste durch das dem Ortsnamen 2008 zugefügte Attribut *am Hallstättersee* nicht wärmer geworden, der Sessellift auf den Predigtstuhl ist schon vor dem Klimawandel demontiert worden, und statt des traditionsreichen *Alpengasthofs Predigtstuhl* haben Investoren ein schickes *Lesehotel* errichtet. Die große Terrasse wurde abgerissen, vereinzelt stehen nun Liegestühle für die betuchten Hausgäste herum – und die Goiserer haben ihre Jausenstation, das Gasthaus mit Veranstaltungsraum, ein beliebtes Ausflugsziel für Familien mit dem vielleicht schönsten Blick auf den Dachstein, verloren. Fährt man von der Bundesstraße ab, kommt man in ein Ortszentrum, dessen Marktstraße von leeren Geschäftslokalen gesäumt ist, es gibt noch einen Supermarkt, ein Sportgeschäft, kleine Geschäfte mit Mode, zwei Optiker, Banken, Bäckereien, beim Ortsausgang mehrere Autohändler. Die meisten Gaststätten haben zugesperrt oder kochen nur mehr für Hotelgäste, Stammtische sind selten geworden. Im historischen Ortskern hat sich wenig verändert in den letzten Jahrzehnten, Häuser wurden renoviert und manche Gebäude verfielen, ein neuer Marktplatz mit Wasserspielen ist in Planung. Es gibt wenig Schatten im Ort, heiße Sommer werden gemessen, so wurden die Bäume beim katholischen Friedhof geschlägert, die 1892 gepflanzte Konrad-Deubler-Allee ist längst unter dem Betonfeld eines *Penny*-Markts und einer Drogeriekette verschwunden, am Bahnhof fielen die hundertjährigen Eichen. Ihr Eigentümer, die Bundesbahnen, hielt sie für versicherungstechnisch unkalkulierbar. Soeben hatte man mit der Renaturierung der Traun begonnen, sollte ein zweites Kraftwerk der Energie-AG mit Stausee, Unterwassereintiefung, Überlaufbecken und Betonrinnen an der Traun gebaut werden. Der historische Traunreiterweg wäre durch eine Staumauer zerstört worden, den Befürwortern des Baus erschien der künstliche See als idyllisch. Sonnenuntergänge am Stausee, ein Tretbootverleih war bereits im Gespräch. Kein Glucksen an der Uferböschung, kein Rauschen in der Mitte des Flusses mehr. Was die frei fließende Traun für Goisern bedeutet, schien vergessen worden zu sein, die grüne Hauptschlagader des Orts war in Gefahr. Das Fliegenfischen und das Baden im Fluss sollten der Vergangenheit angehören, obwohl Goisern Teil des UNESCO-Welterbes 1997 ist, „ein außergewöhnliches Beispiel einer Naturlandschaft von einzigartiger Schönheit und besonderer wissenschaftlicher Bedeutung [...], die auch Zeugnis von der frühen und kontinuierlichen menschlichen, wirtschaftlichen und kulturellen Tätigkeit ablegt“.

Das erste, vor einiger Zeit flussaufwärts gebaute Kraftwerk war nicht zu verhindern gewesen, diesmal aber wollte man nicht aufgeben. Die Bürgerinitiative *Traunrauschen,* die mit prominenter Unterstützung von Hubert von Goisern Öffentlichkeitsarbeit betrieb und mit Unterschriften gegen das geplante Kraftwerk Druck ausübte, brachte die Energie-AG dazu, das Projekt für diesen Standort aufzugeben. Die Traun darf in Goisern weiter fließen, so grün, wie sie immer war.

Durch den Ort

Ich gehe spazieren. Einige Forellen stehen im Mühlbach, ich glaube die *Rauscher Seff* zu sehen, wie sie die Wäsche schwemmt, „sie hat schwer gearbeitet, ein typisches Goiserer Weiberl, graue Haare, zerfurchtes Gesicht, mager und gebückt“, erinnert sich eine Frau, die damals Kind war. Die *Seff* rührte die Wäsche in heißem Seifenwasser und schleppte sie mit einem Leiterwagen zum Mühlbach, die Hände stets gerötet von heißem und kaltem Wasser. Sie kam auch zum Schlachten der Hühner in die Häuser und ging mit den Kindern in den Wald, weil sie wusste, wo es die schönsten Himbeeren gab. Ich gehe weiter zur *Holzknechtstuben,* die man aus dem Weißenbachtal hierher versetzt hat, so haben die Holzarbeiter um 1820 im Wald übernachtet, erfahren die Schulklassen und Touristen. Dann gibt es für alle Holzknechtnocken, Mehl und Wasser in Schmalz gebacken, dazu

Apfelkompott oder Sauerkraut, damals im Wald gab es Beeren oder Pilze dazu, sagt Robert Rauscher, der Kustos des Holzknechtmuseums. Zwei Mountainbiker bleiben stehen, sie fotografieren und fahren weiter. Einmal mehr verschieben sich die Zeitachsen. Unlängst hat hier der Gesangsverein Bergheimat sein 120-jähriges Jubiläum gefeiert, Frauen und Männer musizierten miteinander, alle in Tracht. Da ist es wieder, das alte und das neue Goisern. Die Menschen feiern den *Liachtbratlmontag* zur Erinnerung, dass früher die Handwerker ab dem ersten Montag nach Michaeli Kerzen zur Arbeit in der Werkstätte anzünden durften, bis dahin nur bei Tageslicht arbeiteten und der Meister von dem so Ersparten ein Bratl spendierte. An diesem Tag finden auch die Jahrgangsfeiern mit Umzug durch den Ort statt, die Hundertjährigen fahren in der Kutsche vor. Gefeiert wird auch der *Liebstattsonntag* am 4. Fastensonntag, ursprünglich eine Gmundner Armenausspeisung seit 1641. Das *Liabb'stätt'n* bedeutete, die Nächstenliebe zu bestätigen. Später war es ein Zeichen der bevorstehenden Verlobung, wenn ein Bursch seinem Mädchen ein Lebkuchenherz gab. Heute schenkt man sich diese einfach gegenseitig. Und immer ist die Musik dabei, es wird aufgespielt, gepascht und gesungen, ob bei den Treffen der *Stahelschützen,* nach dem Eisstockschießen, abends im Hof des Werkstattbeisls im Handwerkhaus oder einfach spontan zwischendurch. Kulturwissenschaftler sprechen von einem kulturellen Gedächtnis, das in einem bestimmten Raum das Handeln und Erleben einer

Gesellschaft bestimmt, und von Generation zu Generation wiederholt und eingeübt wird. „Es ist ein selbstverständliches Wir, das die Goiserer ausmacht“, sagt der Bürgermeister Leopold Schilcher, „ein jeder muss drei, vier Sachen machen, weil wir so viel zu tun haben“. Der Veranstaltungskalender gibt ein dichtes Programm vor, Bierzelte, Feiern der Musikkapellen, der Bergrettung und der Feuerwehr, Mountainbike-Trophy, Goisern Classic-Oldtimerrennen und die *Gamsjaga*-Tage. Ich gehe an der Gemeindebücherei vorbei, mitten im Ort werden Appartementhotels und Wohnanlagen erbaut, eine sogar mit Ampel, um die Einfahrt in die unterirdische Garage zu regeln, Beton und wenig Grün. Es gibt viel Zuzug nach Goisern, die Gemeinde wächst, die Soziostrukturen verändern sich. Der evangelische Pfarrer Günter Scheutz spricht über eine Liberalisierung und die Traditionsbrüche in seiner Gemeinde, „Urlaub und Amazon sind wichtiger, alles ist selbstverständlich, der Friedhof ist da und die Kirche“, aber es gebe immer weniger Konfirmationen, Urnenbeerdigungen fänden auch ohne Pfarrer statt, „man ist halt einfach evangelisch“, doch die Geschichte sei irgendwie verloren gegangen, „frag etwas über Geheimprotestantismus, was ist das?“. Man nützt den evangelischen Kindergarten und das Altersheim, aber ein Drittel der Goiserer ist heute ohne Bekenntnis, besonders die jungen Männer treten aus der Kirche aus. „Es war nie leicht unter der arbeitenden Klasse“, meint der gelernte Tischler Scheutz, dessen Vater im Elektrodenwerk gearbeitet hat und der in einer Hilfsarbeitersiedlung in Steeg aufgewachsen ist. Und dann gebe es noch die Evangelikalen und den Bibellesebund, mehrere Hauskreise und seit Corona auch die Verschwörungstheoretiker, „wer wie denkt, das kann man nicht mehr sagen“, fügt er hinzu. Auch der Bürgermeister spricht über das weite Spektrum politischer Meinungen von links bis rechts, über diejenigen, die das Feiern an sich mögen, und über die traditionellen Familien, die das „Goisernsein in seiner tieferen Interpretation nach wie vor leben“. Sichtbare und unsichtbare Beziehungen machen sich bemerkbar, im Altersheim sitzen die Frauen aus der Ortschaft Lasern beisammen. Auch Trennendes gibt es. Die Nacktbader vom Hallstättersee besuchen das Parkbad eher nicht, die Freiheitlichen mögen die Grünen nicht und die Europäische Kulturhauptstadt wollen manche boykottieren, andere haben Projekte eingereicht. Verbundenheit kommt auf, wenn die Musiker ihre Instrumente auspacken, die Trachten aus dem Schrank geholt werden und die Zeit etwas angehalten wird. Das sind die Goiserer. Leichter Nieselregen setzt ein, der Himmel wird fast weiß. Ich gehe zum Haus, heute werde ich den wilden Wein nicht mehr gießen. Irgendwo habe ich gelesen, dass das Obere Salzkammergut im Mittelalter das Regental genannt wurde.

Es ist Nacht geworden. Wenn man genau hinhört, tropft es noch von den Dächern. Der Rauch der Holzöfen vermischt sich mit der feuchten Luft. Gerüche altern nicht. Drei Burschen biegen beim Kriegerdenkmal in die Marktstraße ein, können sich kaum auf den Beinen halten, stützen einander, um das Gleichgewicht nicht zu verlieren. Sie tragen Hüte, Lederhosen, Janker und Kniestrümpfe. „A Schnapsel no, nachher geh ma hoam", ruft einer. Sie steuern das *Hades* an, das einzige Nachtlokal weit und breit. Bevor sie in den Keller steigen, ein Juchezer. Noch einer. Die Türe schließt sich. Stille. Man vermeint, die Traun fließen zu hören.

Danksagung

Ich danke Herbert Ellmer, Karin Ellmer, Klaus Gnaiger, Brigitte Mittendorfer, Franz Kienesberger, Helmuth Mittendorfer, Walter Pilz, Helga Schweighofer, Birgit Eppinger, Robert Zahler, Josef Mayer, Siegfried Gamsjäger, Leopold Rainer, Gerhard Zauner, Alfred Zopf, Hansjörg Kurz, Hansjörg Pramesberger, Christian Laimer, Karin Putz, Sieglinde Reisner, Hannes Fettinger, Barbara Kern, Joe Weidenholzer, Paul Rainer, Pfarrer Johann Hammerl, Pfarrer Günter Scheutz, Roland Pilz, Barbara Hrovat, Robert Miller, Florian Hemetsberger, Tarek Leitner und Reinhart Winterauer für das Vertrauen, das sie mir geschenkt haben und unsere wunderbaren Gespräche über Goisern.

Nina Höllinger und Wolfgang Quatember vom Zeitgeschichte-Museum Ebensee danke ich für die professionelle und umsichtige Unterstützung, Dank auch an den Historiker Michael Kurz, dessen umfangreiche Aufsätze über die Geschichte der Gemeinde Goisern eine wertvolle Basis meiner Arbeit darstellen. Arthur Gollner, Franz Kienesberger, Hannes Fettinger, Gerd Pramesberger und Christian Laimer haben mir Fotos zur Verfügung gestellt.

Besonderer Dank gilt der Gemeinde Goisern, Herbert Kefer für wertvolle Hinweise und Recherchen, Bürgermeister Leopold Schilcher für das Nachdenken über den Ort und die stets offene Tür.

Der Ischler Historiker Kurt Lux hat mich während der Arbeit an diesem Buch nicht nur mit fachlichen Anmerkungen begleitet, er ist mit mir auch in die Berge gegangen. Meinem Linzer Kollegen, dem Sozialhistoriker Michael John, bin ich für den langjährigen Diskurs über Zeitgeschichte und Zeitgeschehen dankbar.

Reinhart Hosch ist derjenige, dem ich mein Manuskript anvertraut habe, er hat mich in vielen Belangen ermutigt. Für seine kollegiale und freundschaftliche Begleitung danke ich. Dem Verlag Kremayr & Scheriau und dem professionellen Produktionsteam von „vielseitig", Sonja Franzke, Clara Schermer und Silvia Wahrstätter sowie Veronika Leiner gilt ebenfalls großer Dank.

Meine Mutter Renate Wisinger hat sich der Durchsicht des Textes angenommen, sie kennt die Geschichte der Familie wohl am besten, von ihr hörte ich vieles, was mir sonst verborgen geblieben wäre, mein Dank gilt ihr im Besonderen.

Ich widme das Buch meinem Vater Peter Wisinger, der mir bis zuletzt über sein Goisern erzählte, und meinem Sohn Stefan Wisinger-Höfer, der hier seine Wurzeln hat.

Bad Goisern, im Sommer 2023

Bildnachweis

Seite 22: Österreichische Nationalbibliothek

Seite 52: Gemeindearchiv Bad Goisern

Seite 62: Archiv AGO, privat

Seite 63: Archiv Christian Laimer, privat (2x)

Seite 64: privat, Archiv AGO

Seite 65: Archiv AGO, Archiv Christian Laimer (2x)

Seite 74: privat

Seite 94: privat (2x)

Seite 95: privat, Archiv Christian Laimer, Archiv AGO

Seite 96: Archiv AGO (2x)

Seite 97: privat (2x)

Seite 108: Archiv AGO

Seite 128: Archiv AGO

Seite 144: Archiv Christian Laimer, Archiv AGO

Seite 145: Archiv AGO, privat

Seite 146: privat (2x)

Seite 147: privat, Archiv Gerd Pramesberger

Seite 168: Archiv Gerd Pramesberger

Seite 182: privat, Zeitgeschichtemuseum Ebensee

Seite 183: privat (2x)

Seite 184: Archiv Franz Kienesbeger

Seite 185: privat (2x)

Die Historikerin Marion Wisinger setzt sich seit vielen Jahren mit österreichischer Erinnerungskultur auseinander. Sie beschäftigt sich mit der Aufarbeitung der von der Gesellschaft vergessenen Geschichte, die sie in ihren Studien über Gewalt in österreichischen Kinderheimen, als Chefredakteurin des Liga-Magazins für Menschenrechte und in ihren zeitgeschichtlichen Beiträgen und Essays sowie in einfühlsamer Erzählliteratur thematisiert. Sie ist Vorsitzende des Wiener Forums für Demokratie und Menschenrechte und Vizepräsidentin des Österreichischen PEN-Clubs. Sie lebt in Wien und Bad Goisern.

Das generische Maskulinum kommt aufgrund der besonders einfachen Lesbarkeit in diesem Buch zum Gebrauch.

www.kremayr-scheriau.at

ISBN 978-3-218-01426-7

Umschlag, Typografie und Satz: Silvia Wahrstätter, buchgestaltung.at
Cover-Foto: Michael Frühmann, Unsplash
Lektorat und Korrektorat: Reinhart Hosch, Veronika Leiner
Herstellung: vielseitig.co.at
Druck und Bindung: Finidr, s.r.o., Czech Republic

Gedruckt mit freundlicher Unterstützung von der Arbeiterkammer Oberösterreich und dem Nationalfonds der Republik Österreich für Opfer des Nationalsozialismus